中国司法改革实证研究丛书

致力于中国司法制度、刑事诉讼制度和纠纷解决的实证研究作品

国家"九八五工程"四川大学社会矛盾与社会管理研究创新基地资助
四川省社会科学重点研究基地纠纷解决与司法改革研究中心支持

中国司法改革实证研究丛书
左卫民/丛书主编

环境纠纷行政解决机制实证研究

EMPIRICAL STUDY ON CHINA'S ADMINISTRATIVE
ENVIRONMENTAL DISPUTE RESOLUTION MECHANISM

冯露 / 著

北京大学出版社
PEKING UNIVERSITY PRESS

"中国司法改革实证研究丛书"序

2014年10月20日至23日召开的中共十八届四中全会，无疑将在当代中国法治建设的进程史上留下划时代的一笔。继党的十八届三中全会提出进一步深化司法体制改革的新措施后，党的十八届四中全会通过的中共中央《关于全面推进依法治国若干重大问题的决定》，又提出了关于司法改革的重大举措，这对中国司法建设与改革而言显然具有积极意义。

长期以来，笔者及笔者带领的学术团队包括所指导的博士研究生，一直致力于司法制度、刑事诉讼制度和纠纷解决的实证研究，力图真切地把握中国司法与诉讼制度的运行现状，深度剖析其利弊得失，抓住切实存在的重要问题，探究其成因，并在此基础上提出有针对性和可操作性的改革建言。通过不断地展开实证研究，我们取得了关于司法与诉讼制度若干方面的一些研究成果。考虑到当前司法改革的重要性，也考虑到实证研究的重要性，笔者将我们团队近期有关司法制度的研究成果收辑成册，以中国司法改革实证研究为主题，与北京大学出版社联系并系列出版。笔者的看法是，中国司法研究固然早成显学，但司法改革的正确推进尤其是长期有效推行，仍然有待于科学、细致及深入的实证研究。有鉴于此，笔者将自己及所带领团队关于司法的实证研究成果奉献给大家，希望抛砖引玉，引起更多学界同仁关注并展开司法实证研究,同时也为当下和未来的司法改革提供些许参考。

需要指出的是,对于法学研究者而言,实证研究乃是一门新兴的研究方法,无论是笔者抑或笔者所带领的团队成员,都有一个学习与掌握的过程。本系列作品中,有些实证研究方法运用得比较多,有的则比较少;有些运用得比较好,有些则有所欠缺,但鉴于这些作品大都或多或少地运用实证方法,比如使用数据展开分析等,因此笔者仍然以实证研究为主题收辑在一起。其中不当之处,敬请读者诸君批评。

左卫民

2014年12月3日于四川大学研究生院

代 序

冯露博士自本科毕业起跟随我做学问,已逾十年。最近她的第一部学术专著《环境纠纷行政解决机制实证研究》即将面世,由于其契合"中国司法改革实证研究丛书"主题,我欣然将其纳入并受邀为之作序。

现代经济增长的扩散导致环境退化的加速。从应对环境问题的角度,治理污染固然重要,但解决业已发生的环境纠纷也不容忽视。很长一段时间以来,学者对中国环境纠纷解决的研究基本上聚焦于诉讼。而冯露博士的调查显示,中国各级环保部门解决了现实中的大量环境纠纷,是一种极其重要的环境纠纷解决机制。本书具有明确的问题意识,脉络清晰,对实践中环保部门受理的环境纠纷状况和解决纠纷的运作进行了考察,提炼出行政解决机制的特征和模式,进而确定了纠纷解决效果的评价标准并对行政解决机制的运作效果进行了评估,随后梳理了行政解决机制的演变,对其他国家和地区的类似制度进行了比较研究,最后指出现行制度的症结所在并提出相应的完善对策。纵观全书,有两处亮点尤其突出:

其一,在研究方法上,主要运用了定性与定量分析相结合的实证方法。在实证方法的具体使用上亦突破了单一的数据统计,综合采用结构化访谈、半结构化访谈及问卷调查等。与其他环境纠纷解决的规范性研究相比,本书通过对环保部门纠纷解决程序、方式、策略和效果等的实证与理论分析提出了一些具有创新性的结论。

其二,关于行政性纠纷解决机制定位的论述具有新意。本书提出,"东亚国家或地区因其政治上并不具有西方的对抗性民主、分权传统,民众意识形态上却有依赖权威的传统",故而偏好行政性环境纠纷解决机制。类似地,"中国的'(强)国家—(弱)社会'二元传统尽管在发生改变,但基本格局未见根本转变。这一背景决定了弱势当事人仍会寻求能与强势当事人所操控的纠纷解决机制相竞争的救济途径,也决定了国家公权力即环保部门介入的必然性"。因此,"环保部门的行政解决制度在一段时期内仍是解决我国环境纠纷重要的、现实的途径"。鉴于学界对国家主导和支持的纠纷解决机制关注不足的现状,这一结论值得重视。

伊懋可在《大象的退却:一部中国环境史》中说道:"我们还要走多远才能合理地、明确地认识前现代中国的环境开发的特征。"我想本书如果可以对读者诸君认知当代中国环境问题的某一细部有所俾助,也就是它价值的最好体现了。

是为序。

左卫民
2015 年 10 月 11 日

目 录

第一章 导论 …………………………………………………… 001
  一、问题与研究意义 ………………………………………… 001
  二、核心概念的界定 ………………………………………… 006
  三、学界研究现状 …………………………………………… 009
  四、材料和方法 ……………………………………………… 014

第二章 环境监察大队受理的环境纠纷 ………………………… 020
  一、纠纷数量 ………………………………………………… 020
  二、纠纷类型 ………………………………………………… 021
  三、纠纷特点 ………………………………………………… 026

第三章 环境纠纷行政解决机制的运行 ………………………… 037
  一、行政解决的一般流程 …………………………………… 039
  二、行政解决的具体方式 …………………………………… 042
  三、群体性纠纷的解决方式和策略 ………………………… 060
  四、行政解决机制的特征 …………………………………… 067
  五、小结：以权力为基础的惩罚型纠纷解决机制 ………… 072

第四章 环境纠纷行政解决机制的运行效果 …………………… 074
  一、效果评估标准的确定——基于理论的述评 …………… 074

二、对行政解决机制运行效果的评估 ·················· 080
三、影响行政解决机制纠纷解决效果的因素 ············ 106

第五章　环境纠纷行政解决机制的借鉴与检讨 ············ 110
一、其他国家或地区的环境纠纷行政解决制度 ·········· 110
二、我国环境纠纷行政解决机制的演进 ················ 133
三、现行环境纠纷行政解决机制的问题 ················ 139
四、环境纠纷行政解决机制的完善对策 ················ 143

第六章　结语 ·· 155

参考文献 ·· 161

第一章 导论

一、问题与研究意义

近代以来的工业发展,在促进社会经济迅速发展的同时,也使人类社会与环境的对立日益加剧。到20世纪中叶,人们开始享受经济增长成果的同时也不得不承受环境破坏后的报复[①],环境问题随之引起世人的广泛关注。美国环境问题引起广泛的公共关注始于20世纪60年代末。[②] 在日本,随着环境意识的觉醒,将人类与自然之间的和谐作为人类发展的一个主要目标成为普遍思考的问题。[③] 自1978年改革开放以来,中国的环境问题日益突出。进入21世纪以来,中国政府和社会展现了前所未有的环境保护热情和决心。但是,我国的环境现状是,在局部地区有所改善的同时,全国整体环境形势仍在恶化;在城市环境质量得到一定程度提高的同时,部分地区、部分群体正遭受着十分严重的环境问题困扰,重大环境事故和污染事件不断出现。[④]

---

① 参见洪大用:《西方环境社会学研究》,载《社会学研究》1999年第2期。
② J. E. Crowfoot and Julia M. Wondolleck, *Environmental Disputes: Community Involvement in Conflict Resolution*, Washington: Island Press, 1990, p.8.
③ S. Harashina, "Environmental Dispute Resolution Process and Information Exchange," *Environmental Impact Assessment Review*, 1995, 15, p.69.
④ 参见李挚萍、陈春生等:《农村环境管制与农民环境权保护》,北京大学出版社2009年版,前言,第1页。

环境信访和环境纠纷数量逐年增长,因环境问题引发的群体性事件以年均29%的速度递增。① 到2011年中国各级环保部门受理的环境纠纷超过了100万件,数量极其庞大,在整个社会纠纷的构成中占有相当比重(见图1-1)。这种日益恶化的环境状况与以工业化、城市化和区域分化为特征的社会转型进程密切相关。② 根据经济学外部性理论,环境问题的实质是私人生产的外部成本由社会承担的后果。③ 中国环境问题则是一个由于社会结构、社会体制及其思想形态都处在转型时期而导致机制、制度、文化、价值等多重"失灵""失范"的结果。④ 可以说,中国环境问题的核心在于公共利益与个人利益、环境利益与经济利益、即期利益与长期利益的三种利益冲突以及这些利益冲突赖以存在的结构性基础在社会行动者的行动和选择过程中所呈现出的紧张、冲突和融合的问题。⑤ 解决已出现的环境纠纷则是缓释这种紧张、冲突的有效手段之一。

如何解决环境纠纷或者说环境纠纷需要什么样的纠纷解决途径? 按G. Bingham的说法,环境纠纷通常需要一种兼顾经济效益和环境意识的解决途径。⑥ 而另两位学者从社会心理学的角度指出,环境纠纷需要的是一种将市场为基础的程序和政府裁断混合而成的纠纷解决方式,这样最有利于克服环境纠纷解决中的社会心理障碍。⑦ 长期致力于中国环境污染管制问题研究的B. van Rooij则认为,要明确不同

---

① 参见张杰:《关于设立环保法庭及建立环境公益诉讼制度的思考》,载李恒远、常纪文主编:《中国环境法治》(2008年卷),法律出版社2009年版,第213页。
② 参见洪大用:《当代中国社会转型与环境问题:一个初步的分析框架》,载《社会学》2000年第12期。
③ 参见赵俊:《环境公共权力论》,法律出版社2009年版,第4页。
④ 参见曾建平:《环境正义——发展中国家环境伦理问题探究》,山东人民出版社2007年版,第259—260页。
⑤ 参见王蓉:《中国环境制度的经济学分析》,法律出版社2003年版,自序,第1页。
⑥ "Instead, environmental disputes usually need solutions that make both good economic and good environmental sense." 参见 G. Bingham, *Resolving Environmental Disputes: A Decade of Experience*, Washington D. C.: The Conservation Foundation, 1986, p.2.
⑦ 更多讨论,参见 M. W. Morris and S. K. Su, "Social Psychological Obstacles in Environmental Conflict Resolution," *American Behavioral Scientist*, 1999, 42.

类型的民众行动对守法和执法的影响仍然很困难。一个重要的问题是哪种类型的行动对控制污染以及为民众的不满提供适当的救济是最为有效的。①

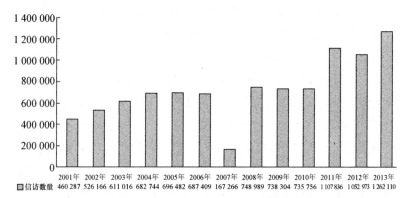

图 1-1　2001—2013 年中国各级环保部门受理的环境信访数量②
数据来源:《全国环境统计年报》(2007—2013)和《全国环境统计公报》(2001—2013)。

在中国,解决环境纠纷的途径主要有协商和解、人民调解委员会调解、环保部门行政解决、诉讼、仲裁和信访等。在这些途径中,协商解决的环境纠纷因其私密性可考察性不强。且污染者的经济实力和社会影响力通常强于经济上处于弱势地位并缺乏专业知识的受害者,经济实力不对等和信息不对称往往导致双方的谈判难以成功,即便协

---

① "It is still difficult to establish exactly what effect different types of citizen action have on compliance and enforcement. An important question is which types of action have been most effective in controlling pollution and providing citizens with a proper remedy for their grievances."参见 B. van Rooij, "The People vs. Pollution: Understanding Citizen Action against Pollution in China," *Journal of Contemporary China*, 2010, 19(63), p.75.
② 根据 2006 年 7 月 1 日起施行的《环境信访办法》第 16 条的规定,环境信访事项由环境纠纷、发明建议和行业作风三部分构成。《全国环境统计年报》和《全国环境统计公报》统计的环境信访数据也是由环境纠纷、发明建议和行业作风三部分构成,但没有三者各自的具体数量。考虑到发明建议和行业作风类信访与环境纠纷相比总量很小,图 1-1 所示每年环境信访数量应与环保部门受理的环境纠纷数量差别不大。另外,2007 年的信访数据非常奇怪,从 2006 年的约 68 万件骤减至约 16 万件,到 2008 年又剧增至约 74 万件,《全国环境统计年报》《全国环境统计公报》以及各类官方报道均未解释这一突变的原因,笔者个人推测很可能是统计出现较大误差。

商达成了和解协议也很可能对受害者不公平。① 人民调解委员会解决的主要是具有相邻关系的环境纠纷,包括乡镇、街道企业、个体户作坊和摊点在生产经营过程中和居民之间在生活过程中产生的环境问题而导致的环境纠纷②,范围有限。另外调解的自愿性色彩较强,在当事人根本利益对抗而且实力不对等的环境纠纷中,往往很难达成最终一致的结论。③ 全国各级人民法院每年受理的环境污染侵权损害赔偿案件应该不到环境纠纷总量的1%④,有数据显示,2004年至2006年各年全国各级人民法院受理的环境污染侵权损害赔偿案件不足3 000件。⑤ 尽管到2014年全国各地已成立了365个包括审判庭、合议庭、巡回法庭等形式在内的环境资源专门化审判机构,但其所审理的环境案件数量较少,大多法庭面临"无案可审"的窘境。以江苏为例,2013年全省涉及环境的举报和信访共5万多例,但通过司法途径解决的只有85件。⑥迄今为止,我国法律明确规定的环境纠纷仲裁仅适用于海

---

① D. Black 指出,交涉产生于人们相互联系并持续地就其生活条件以及冲突讨价。交涉不太可能发生在不平等的当事人之间。交涉兴盛于缠结网络,该场域下人们是平等的、交叉联系的、有组织的、同质的以及相互可接近的。参见〔美〕唐纳德·布莱克:《冲突处理的基本形式》,徐昕、田璐译,载徐昕:《迈向和谐社会的纠纷解决》,中国检察出版社2008年版,第198—201页。为此有学者认为,双方当事人协商解决一般是在污染损害事实清楚、加害方承担责任主动诚恳、受害方也比较实事求是的情况下才容易成立。参见马骧聪:《中国环境纠纷的处理》,载〔日〕加藤一郎、王加福主编:《民法和环境法的诸问题》,中国人民大学出版社1995年版,第401页。

② 参见王灿发:《中国环境纠纷及其处理的初步研究》,载王灿发主编:《环境纠纷处理的理论与实践——环境纠纷处理中日国家研讨会论文集》,中国政法大学出版社2002年版,第12页。

③ 参见丁俊峰:《论环境纠纷调解机制的构建》,载张梓太主编:《环境纠纷处理前沿问题研究——中日韩学者谈》,清华大学出版社2007年版,第299页。

④ 该方面数据尚缺乏系统的官方统计,但有报道这样描述我国环境诉讼现状:"据有关部门统计,我国每年的环境侵权案件有十多万件,但真正告到法院的不足1%;各级法院受理的环境侵权案件不多,其中胜诉的案件也不太多。"参见《环境维权案诉讼难 我国将组建首家环境公益律所》,载《法制日报》2008年1月16日。

⑤ 参见吕忠梅:《建议设立环境审判庭》,载新华网(http://news.xinhuanet.com/misc/2008-03/08/content_7746377.htm),访问时间:2010年11月1日。

⑥ 参见鲍小东、李雅娟、杨国要:《环境公益诉讼,改革关键在哪? 对话最高法环境资源审判庭庭长郑学林》,载《南方周末》(http://www.infzm.com/content/104395),访问时间:2014年10月14日。

洋环境污染纠纷①,范围有限;且未制定单独的环境仲裁法律、法规,也未设立专门的环境仲裁机构。各地仅有零散的仲裁尝试活动。②

按照《信访条例》和新《环境信访办法》的有关规定,当事人向环保部门请求解决纠纷也被称为环境信访。但调研发现,以环境信访为载体表现出来的环境纠纷数量巨大,以处理环境信访的形式解决环境纠纷成为环保部门的一项常规性工作,由此也形成了一种常态化、行政性的纠纷解决机制,与具有最后救济手段性质的政府信访在纠纷受理条件、解决方式、解决结果等方面迥异,故有必要加以区分。绝大多数以信访形式表现出来的环境纠纷被归口到环保部门处理,极少数流入政府信访部门,这很可能是一个普遍现象。作为非常规的纠纷解决途径,政府信访解决的环境纠纷更为有限,这从 S 县的情况可见一斑:S 县政府信访办 2005 年和 2006 年受理的环境纠纷数量分别为 3 件和 19 件,而同期 S 县环保部门受理的环境纠纷数量分别为 396 件和 520 件。

全国各级环保部门每年受理以信访为表现形式的环境纠纷高达几十万至上百万件,解决了大量的环境纠纷,在整个环境纠纷解决体系中具有相当重要的地位,作用也极为明显。环保部门不仅在化解污染受害者和污染者之间矛盾方面发挥了极其重要的作用,同时身为污染监管者,还在纠纷解决过程中间接知悉污染者排污状况并对违法排污行为进行规制,发挥出制止污染、保护环境的积极效果,其在管理纠纷源头、预防纠纷方面的效用与中央提出的创新社会治理体制理念的

---

① 参见 2014 年中国国际贸易促进委员会、中国国际商会修订通过的《中国海事仲裁委员会仲裁规则》第 3 条第(5)项之规定。

② 这些尝试活动包括 1981 年苏州市环保局在市中级人民法院的业务指导下,就苏州电容器厂废水污染居民水井纠纷正式开展仲裁试点;2001 年中国国际经济贸易仲裁委员会仲裁了我国首例涉外室内甲醛污染案件;2004 年 3 月厦门首次将仲裁机制引入与环保有关的民事权益纠纷;2007 年江苏省东台市设立了国内首家环境纠纷仲裁庭,解决了当地一起长达 10 年的环境纠纷。参见陈仁、姜成立:《实行环境仲裁制度加大环境执法力度》,载《中国环境管理》1995 年第 3 期;叶文建:《厦门将引入仲裁机制解决环保纠纷》,载《中国环境报》2004 年 4 月 7 日;李玉芳、高杰:《环境仲裁法庭显身手——江苏省东台市首次环境纠纷仲裁纪实》,载《环境经济》2008 年第 2 期。

内涵不谋而合。在推进社会治理创新的大背景下,无论是基于环保部门在环境纠纷解决体系中的重心地位,还是考虑到环保部门通过解决纠纷加强在污染监管和行政执法力度、提高环保管理水平方面的作用,都有必要对这一制度展开系统性研究。

二、核心概念的界定

冲突(conflict)和纠纷(dispute)是两个紧密相关的概念,但冲突的内涵与外延比纠纷广得多:冲突主要表现为社会群体之间的对抗、对立或抗争的状态。而纠纷仅是在相对的社会主体之间发生的可以列入法律框架之内的那些表面化的不协调状态。① 具体到环境领域,环境冲突是一个包罗万象的词,E. F. Dukes 将其归纳为一个包括了健康、医疗、种族和种群、经济发展和政府治理的一类庞大的公共纠纷。② 也有学者把环境冲突定义为社会主要团体之间对待自然环境价值和行为的根本性和持续性分歧、对抗,以及有时的压制。③ 而本书中的环境纠纷则是指污染者和受害者之间因为污染者排放污染物而产生并外化的冲突形式,既包括危害到特定或不特定多数人生命、健康或财产的公害纠纷,也包括邻里关系中因为油烟、噪声等引起的相邻关系纠纷。这里要提到纠纷的形成过程:污染并非一定会引发纠纷。理论上一般认为,纠纷的形成会经过命名、指责和主张三个阶段。④ 同样,

---

① 对二者关系的具体阐述,参见赵旭东:《纠纷与纠纷解决原论——从成因到理念的深度分析》,北京大学出版社 2009 年版,第 1—9 页。

② "Environmental conflict is a subject of the larger category of public conflicts involving issues such as health, health care, race and ethnicity, economic development, and governance." 参见 E. F. Dukes, "What we Know about Environmental Conflict Resolution: An Analysis Based on Research," *Confliction Resolution Quarterly*, 2004, 22(1-2), p. 191.

③ "Environmental conflict was described as the fundamental and ongoing differences, opposition, and sometimes coercion among major groups in society over their values and behaviors toward the natural environment." 参见 J. E. Crowfoot and J. M. Wondolleck, op. cit., p. 17.

④ 更多讨论,参见 W. Felstiner, "The Emergence and Transformation of Disputes: Naming, Blaming, Claiming," *Law & Society Review* 16, 1980-1981.

环境纠纷的形成也会经历这一过程。①

需作说明的是，尽管环保部门解决了不少环境纠纷，但仍有大多数环境问题尚停留在对污染的不满阶段，未外化成纠纷。此即西方纠纷解决理论中经典的金字塔模型，金字塔底部是不满，金字塔的中部到上部分别是主张、纠纷和律师的运用，顶端是诉讼。② E. Michelson 对中国农村纠纷的实证调查部分修正了金字塔理论，他认为以佛塔形容中国农村的纠纷解决状况更为合适：与忍气吞声和求助正式的法律相比，双方协商是更为常见的选择；与向法院起诉相比，向政府行政部门申诉是更为常见的选择。③ 这在一定程度上印证了本书的预设，即中国社会民众特别是农村居民在遭遇不满时更愿意求助于政府行政部门。④

至于纠纷解决机制⑤，范愉的表述是"社会各种纠纷解决方式、制度的总和或体系"。⑥ 徐昕认为是"争议当事人用以化解和处理纠纷的手段和方法"。⑦ 赵旭东定义为"纠纷解决的总体性制度构造以及各组成部分之间的关系和运行原理"，并进一步区分了广义和狭义的纠纷解决机制。在他看来，广义的纠纷解决机制应当包括纠纷解决的理念、制度安排和具体的方法，狭义的纠纷解决机制则主要是指有关

---

① B. van Rooij 对中国污染受害者从污染到抱怨，从抱怨到采取行动的过程进行了详尽分析，参见 B. van Rooij, op. cit., pp.58-62.
② 关于金字塔理论的介绍，参见 R. E. Miller and A. Sarat, "Grievances, Claims, and Disputes: Assessing the Adversary Culture," *Law & Society Review* 15, 1980-1981.
③ E. Michelson, "Climbing the Dispute Pagoda: Grievances and Appeals to the Official Justice System in Rural China," *American Sociological Review* 2006, 72, pp.525-566.
④ 学者们一般将民众对纠纷解决方式选择的偏好归因于文化因素，而通过复杂的人类学研究发现，文化其实是由政治和经济情势的内、外部转变而塑造成型的。参见 J-H. Lee, "Negotiating Values and Law: Environmental Dispute Resolution in Korea," in T. Ginsburg, *Legal Reform in Korea*, London: Routledge Curzon, 2004, pp.202-205.
⑤ 机制的原本含义是指事物的构造和工作原理。由于机制这个词包含了事物的结构和功能，而且要求一定的系统性和科学性，所以被社会科学领域广泛使用，用来泛指某种事物的系统性结构以及各组成部分之间的相互关系和运行规律。参见赵旭东：《纠纷与纠纷解决原论——从成因到理念的深度分析》，北京大学出版社 2009 年版，第 62 页。
⑥ 范愉主编：《ADR 原理和实务》，厦门大学出版社 2002 年版，第 47 页。
⑦ 徐昕主编：《纠纷解决与社会和谐》，法律出版社 2006 年版，第 68 页。

的制度性安排。①本书主要使用了广义上的纠纷解决机制定义。

进一步地,行政性纠纷解决机制,是指国家的行政机关(包括地方政府)或准行政机关所设或附设的非诉讼纠纷解决程序,包括行政诉讼、行政调解、行政裁决等基本形式。② 也可理解为行政救济,即权利主体通过行政机关解决纠纷、维护权利。③ 环境纠纷的行政解决机制是一种行政性纠纷解决机制,属于行政救济。本书中的环境纠纷行政解决机制是指由行政机关——环境保护行政主管部门(以下简称环保部门)根据污染受害者的行政处理请求或信访请求,解决污染者和受害者之间因为环境污染引起的民事纠纷所采用的各种方式、制度的总和或体系。

此处有必要对环保部门解决环境纠纷的职能演变作一简单梳理。环保部门的纠纷解决职能主要体现为两方面:一是行政处理。1989年《中华人民共和国环境保护法》(以下简称《环境保护法》)规定了行政处理制度,包括行政处理决定(类似行政裁决)和行政调解。而1992年全国人大常委会法制工作委员会在《关于正确理解和执行〈环境保护法〉第四十一条第二款的答复》(以下简称《答复》)中间接限制了行政处理决定的适用。《答复》中指出:"因环境污染损害引起的赔偿责任和赔偿金额的纠纷属民事纠纷,当事人不服的可以向人民法院提起民事诉讼,不能以作出处理决定的环境保护行政管理部门为被告提起行政诉讼。"按照1989年《环境保护法》的规定,环保部门的处理包括

---

① 参见赵旭东:《纠纷与纠纷解决原论——从成因到理念的深度分析》,北京大学出版社2009年版,第62—63页。

② 行政性纠纷解决机制的功能和优势体现在:将行政执法与纠纷解决(服务功能)结合起来,具有权威性、合法性和正当性;兼有行政权和司法权的特点,不仅高效、及时、直接,而且比法院更适于处理一些常规性、多发性、社会性和群体性的新型纠纷,在维护弱势群体利益方面的作用比司法程序更为明显和直接;由特定领域的行政主管部门参与纠纷解决,具有专门性和针对性的特点,有利于发挥专家优势;不仅可以进行事后救济,还可以通过自己的管理权限,在纠纷解决过程中积累经验,形成更为快速的反馈和治理机制,有助于纠纷的预防。参见范愉:《纠纷解决的理论与实践》,清华大学出版社2007年版,第259—261页。

③ 参见徐昕主编:《纠纷解决与社会和谐》,法律出版社2006年版,第70页。

行政处理和行政调解,对行政处理决定不服应以环保部门为被告向法院起诉。但是,《答复》将对环保部门处理决定不服起诉的被告限制为对方当事人,换言之,《答复》间接将环保部门解决纠纷的方式缩小了,仅限于行政调解。需要注意的是,2014年修订的《环境保护法》删去了1989年《环境保护法》关于行政处理制度的规定。二是环境信访。1997年《环境信访办法》、2006年《环境信访办法》均规定了环保部门根据污染受害者的信访请求,查处污染,(主要)以行政执法方式解决纠纷的职能。

三、学界研究现状

(一) 国内研究现状

国内学界对环境纠纷解决制度的研究主要集中在两方面:一是宏观上对整个环境纠纷解决体系进行梳理和评析①;二是微观上讨论通过诉讼与仲裁途径解决环境纠纷。② 一直以来,环境纠纷的行政解决

---

① 代表性论文如孟甜:《环境纠纷解决机制的理论分析与实践检视》,载《法学评论》2015年第2期;李庆保:《完善我国多元环境纠纷解决机制的思考》,载《河北法学》2010年第9期;吕忠梅:《环境友好型社会中的环境纠纷解决机制论纲》,载《中国地质大学学报》(社会科学版)2008年第3期;齐树洁:《我国环境纠纷解决机制之重构》,载何兵主编:《和谐社会与纠纷解决机制》,北京大学出版社2007年版,第238—266页;王灿发:《中国环境纠纷及其处理的初步研究》,载王灿发主编:《环境纠纷处理的理论与实践——环境纠纷处理中日国家研讨会论文集》,中国政法大学出版社2002年版,第3—20页;等等。

② 环境诉讼方面的代表性论文如高冠宇、江国华:《公共性视野下的环境公益诉讼:一个理论框架的建构》,载《中国地质大学学报》(社会科学版)2015年第5期;蔡守秋:《从环境权到国家环境保护义务和环境公益诉讼》,载《现代法学》2013年第6期;李传轩:《环境诉讼原告资格的扩展及其合理边界》,载《法学论坛》2010年第4期;齐树洁、郑贤宇:《环境诉讼的当事人适格问题》,载《南京师大学报》(社会科学版)2009年第3期;吴勇:《可持续发展与环境诉讼的更新》,载《甘肃政法学院学报》2007年第3期;叶勇飞:《论环境民事公益诉讼》,载《中国法学》2004年第5期;等等。环境仲裁方面的论文主要有田洪鋆:《发达国家环境仲裁制度及对我国的启示》,载《环境保护》2013年第1期;刘长兴:《论环境仲裁的模式》,载《郑州大学学报》(哲学社会科学版)2009年第1期;刘斌斌、田维民:《构建我国环境纠纷仲裁制度的现实障碍及其对策》,载《甘肃省经济管理干部学院学报》2007年第1期;张苏飞、杨为民:《试论建立我国环境纠纷的仲裁机制》,载《武汉科技大学学报》(社会科学版)2005年第2期;等等。

机制都未成为相关领域学者的关注热点,有学者甚至认为该机制没有发挥多大作用。比如王灿发认为,中国环保法律中对环保部门的处理决定没有赋予强制执行的效力,使得这种处理没能产生多大作用。许多环保部门在处理环境纠纷时,往往是一种敷衍的态度,如果调解不成,连处理决定也不作了,只是告诉当事人向法院起诉。[①]

对环境纠纷行政解决机制的探讨主要运用了三种研究范式。

一是在规范层面上探讨环境纠纷行政处理制度的问题。这些学者围绕现行制度立法不完善的弊端,提出了相应的改革对策。比如,吴卫星提出我国环境纠纷行政处理的立法存在四个突出问题:没有系统的专门的立法,环境纠纷行政处理机构的独立性没有保障,环境纠纷处理形式单一,行政处理决定没有强制力。[②] 贺季敏指出,我国环境纠纷行政处理机构欠缺确定性、独立性和中立性。[③] 刘铮认为,为更好地确立环境纠纷行政处理制度,需完善环境行政复议制度、环境行政调解制度和环境行政裁决制度,增加环境行政指导制度,突显环境纠纷的投诉制度。建立公众参与机制和环境污染损害的风险赔偿基金及责任保险制度。[④] 赵保胜则对在我国建立环境纠纷行政处理制度的合理性作了分析,认为这一制度的建立符合环境纠纷案件专业性、技术性强的特点,符合维护社会利益的综合衡量,符合我国的实际国情,节约诉讼成本,也符合我国的历史文化传统。[⑤]

二是从比较法角度介绍其他国家和地区的环境纠纷行政解决机制

[①] 参见王灿发:《中国环境纠纷及其处理的初步研究》,载王灿发主编:《环境纠纷处理的理论与实践——环境纠纷处理中日国家研讨会论文集》,中国政法大学出版社2002年版,第13页。

[②] 参见吴卫星:《中国环境纠纷行政处理的立法问题与建议》,载《环境保护》2008年第20期。

[③] 参见贺季敏:《论我国环境纠纷行政处理机构的完善——基于环境纠纷行政处理性质层面的思考》,载《生产力研究》2013年第1期。

[④] 参见刘铮:《环境纠纷行政处理制度的构建模式及立法建议》,载《重庆社会科学》2008年第3期。

[⑤] 参见赵保胜:《环境纠纷行政处理的现状与制度设想》,载《学术交流》2007年第2期。

度。这类研究的侧重点在"他山之石,可以攻玉",希冀引荐诸如日本、韩国、我国台湾地区等更为成熟的环境纠纷行政处理制度"为我所用"。例如李建勋、颜正魁通过对比研究我国与韩国在环境纠纷解决机制方面的异同,提出可以借鉴的有益经验,包括制定专门的环境纠纷调解法、完善我国环境纠纷的诉讼外解决机制、建立激励公众参与的机制等。①李铮在《中日公害纠纷的行政处理程序之比较》一文中,从中日两国行政处理程序在法律上的地位、行政处理机构的性质、行政处理的具体途径以及行政调解的方式四个方面进行了比较。②刘峰对美国中央行政听审机构、韩国环境纠纷解决委员会和日本公害等调整委员会解决环境纠纷的行政制度分别作了考察,在此基础上综合三个国家的制度优点提出了一系列立法构想。③

三是在法社会学框架内以实证或个案分析法解读民众选择行政处理的动因及行政处理制度中利害关系人之间的冲突与博弈。陆益龙的数据分析显示,更多的农村居民选择诉诸行政程序来解决环境纠纷,这是多层次因素共同作用、共同影响的结果,其中个人的职务、身体和年龄变量以及家庭承包地规模和收入水平因素具有决定性。由此他认为,个人和家庭的社会经济力量会增强个人寻求第三方(包括行政机构)帮助的信心。④王芳基于上海一个中心城区(A 城区)的田野调查资料,通过对发生在城区中的环境纠纷与冲突案例的分析,来解读居民作为环境问题的受害者为维护自身的环境权益和环境利益而与企业法人行动者和政府法人行动者间进行的冲突与博弈过程,揭示隐藏在这一过程背后的居民行动者所运用的行动策略和行动逻辑,

---

① 参见李建勋、颜正魁:《中韩环境纠纷解决机制比较研究》,载《黑龙江省政法管理干部学院学报》2007 年第 3 期。
② 参见李铮:《中日公害纠纷的行政处理程序之比较》,载王灿发主编:《环境纠纷处理的理论与实践——环境纠纷处理中日国家研讨会论文集》,中国政法大学出版社 2002 年版,第 317—325 页。
③ 参见刘峰:《外国环境纠纷行政处理制度的现状与借鉴》,载《法制与社会》2008 年第 34 期。
④ 参见陆益龙:《环境纠纷解决机制及居民行动策略的法社会学分析》,载《学海》2013 年第 5 期。

以及各类行动者之间的互动所建构出的一系列复杂的社会关系。[1]

上述已有研究除个别学者外基本采用静态和规范分析的方法,缺乏对现实中环境纠纷行政解决机制运行程序、方式和效果等的深切关照,得出的结论时有绝对化倾向,提出的一些改革建议也不甚切合实际。个案分析法固然可对微观层面的纠纷解决技术和策略进行较为深入的分析,却很难清晰地认知行政解决机制的运行全貌。

(二) 国外研究现状

至本书完成时,尚未检索到外国学者撰写的专门研究中国环境纠纷行政解决机制的英文论文。与之相关的研究集中在两个方面。

一是中国环境污染受害者如何寻求救济,如何"接近正义"。他们尤其关注污染受害者的自力救济和环保 NGO、维权律师的介入。这方面的代表论文有 B. van Rooij 的《人民 vs. 污染:理解中国公民对抗污染的行动》,他通过研究公民如何辨认启动对抗污染行动的必要性和调查他们试图采取行动时碰到的阻碍来分析中国污染受害者的政治与法律维权活动。他认为,政府部门与中间机构(包括律师、法律援助中心、媒体和市民社会组织)在帮助民众理解污染的严重性和克服他们面对的阻碍方面做得还不够。[2] K. Fürst 的硕士论文《环境纠纷中的接近正义:中国污染受害者的机会和障碍》从法社会学角度采用了比较的个案研究法。她以内蒙古自治区为调查对象,通过选取当地具有代表性的 6 个环境污染案例进行分析,归纳出污染受害者的机会包括第三方的介入、法律援助中心或 NGO 的协助和媒体的关注,受害者面临的障碍则包括技术、结构、经济和心理等因素。此外,她还特别注意到污染受害者社区内部的冲突和障碍,媒体报道发挥出的工具性作

---

[1] 参见王芳:《环境纠纷与冲突中的居民行动及其策略——以上海 A 城区为例》,载《华东理工大学学报》(社会科学版)2005 年第 3 期。

[2] B. van Rooij, op. cit., pp.55-77.

用,独立机构如 NGO 介入对纠纷解决的影响和纠纷解决结果的限制性。[1] A. M. Brettell 在其博士论文《中国的公众参与政治和早期环境运动的发生》中运用定量和定性手段调查指出,自 20 世纪 80 年代起,中国政府愈加适应(应对)公民对环境问题的不满,由此出现了一种复杂的"国家—社会"关系。然而,这并不代表政府指导政策的显著变化。一方面,政府采取的应对措施在控制社会的不稳定因素上是卓有成效的。另一方面,公民利用该机遇,在一些地区已经初步建立起自主的环保团体,创造了一种充满活力的环境保护运动。[2]

二是从污染监管和环境执法角度检视中国的环境信访投诉制度。典型的论文有世界银行的研究报告《作为环境指标的公民信访:中国的证据》,其指出,中国每年大量的环境投诉请求为环境监管者提供了有用的监测信息,也是社区参与环境政策的重要平台。但是,这种监管形式也有一定的缺陷,投诉主要反映的是高度可见污染物的减排效益及排放强度,而影响不太明显的有害污染物就很少被公民投诉。此外,基础教育对投诉的倾向有着强烈、独立的影响。因此,一味依赖投诉会导致监管资源不恰当地较少分配到受教育程度低、相对"沉默"的区域。该报告最后指出,技术风险评估(而非投诉)应当在监管机构资源(污染监测资源——笔者注)分配上处于优先地位。[3] M. Warwick 和 L. Ortolano 在《上海市民环境投诉制度的成本与收益》一文中,运用数据统计和案例研究法,对 2002 年初上海环境投诉制度的成本与收益进行了定量分析。分析显示,投诉制度是一种没有被监管者发现的环境问题的信息来源,重要但并不十分可靠。此外,该制度的机会成本显著,其被滋扰性的投诉所主导,这些投诉要么非常琐碎,要么仅在非常有限的地理范围内对环境质量有重要影响。案例研究中的类型

---

[1] K. Fürst, "Access to Justice in Environmental Disputes: Opportunities and Obstacles for Chinese Pollution Victims," unpublished M. A. thesis, Oslo: University of Oslo, 2008.

[2] A. M. Brettell, "The Politics of Public Participation and Emergence of Pro-environment Movements in China," Ph. D. thesis, Maryland: University of Maryland, 2003.

[3] S. Dasgupta and D. Wheeler, "Citizen Complaints as Environmental Indicators: Evidence from China", Washington D. C.: The World Bank, 1997.

化分析提供了建立这样一种假设的基础,即一种特殊的污染问题是否可能受制于一次投诉。①

这些学者研究的侧重点停留在环境信访对中国环境治理影响的宏观层面,而非笔者关注的信访作为一种纠纷解决途径是如何解决当事人之间冲突的。在这些学者看来,中国环境信访投诉制度在帮助政府机构控制污染、推进环境执法等监管事项上有一定助力,但助力并不大,还随之伴生一系列负面影响。

四、材料和方法

(一) 材料

笔者选取 S 省 S 县作为代表性调查对象。S 县位于 C 平原腹地,三面环绕 S 省省会 C 市,面积 1 072 平方公里,下辖 6 个街道、18 个镇,户籍人口 96 万人。笔者先后于 2007 年 7 月和 2008 年 1 月在 S 省 C 市 S 县环保局进行调研,并在 2011 年 12 月和 2012 年 7 月作了补充调查。作为主要调研对象的 S 县,到 2011 年,该县县域经济综合实力已连续 16 年位居 S 省"十强县"榜首,在全国百强县中的排名上升很快。2004 年至 2006 年的地区生产总值分别为 173.45 亿元、199.5 亿元和 227.8 亿元,2006 年规模以上工业增加值为 62 亿元,比 2002 年增长 128.3%,工业对全县经济增长的贡献率达 50.6%。② 2010 年至 2012 年,全县地区生产总值分别为 471.12 亿元、583.4 亿元和 679.07 亿元,增幅显著;规模以上工业增加值分别为 156.43 亿元、265.1 亿元和 291.85 亿元,工业对全县经济的贡献率年均超过 50%。③ 在工业强县战略指导下,S 县工业发展呈现出两个特点:其一,在发展传统工业的

---

① M. Warwick and L. Ortolano, "Benefits and Costs of Shanghai's Environmental Citizen Complaints System," *China Information* XXI, 2007.
② 资料来源:《2006 年 S 县人民政府年度报告》。
③ 资料来源:《2010、2011、2012 年 S 县国民经济和社会发展统计公报》。

同时推动产业转型升级,促进以太阳能、核能、风能为重点的新能源产业集群发展;其二,推进工业向园区集中,到2012年已建立3个工业园区。①

另外,笔者还利用2007年6月在S省M市H县环保局的调研资料作为辅助。有"绿海明珠"美称的H县,位于S盆地西南边缘,距S省省会C市116公里。2008年全县辖26个乡镇,面积1948.43平方公里,总人口34万人。H县是全国生态建设先进县,1998年开始全面禁用有害饲料和化学农药,有17个产品获得绿色食品标志,绿色食品发展已初具规模。境内有西南最大的种牛繁殖基地——Y种牛场,形成了西南地区最大的乳业生产基地——Y乳业集团。全县2004年、2005年和2006年的地区生产总值分别为19.49亿元、26.38亿元和30.7亿元。②

两项调查中获得了人民来访登记簿、访谈记录、问卷统计结果、各类文件和对其他相关部门的调研资料。

第一,人民来访登记簿。③ 笔者全面调阅了S县环境监察大队1988年、2004年至2007年7月记录有纠纷受理、处理等情况的《人民来访登记簿》。每一份来访登记包括的信息有:来访人基本信息、来访时间、接待人、事由、来访反映情况、处理意见和结果(参见样本1)。根据研究需要,笔者设计了专门表格提取来访登记中与环境监察大队纠纷解决相关的信息,对于纠纷来源、发生时间、纠纷类型和纠纷解决情况等进行了分类统计,作为对环境纠纷行政解决机制定量分析的基本依据。

第二,访谈及问卷。在对人民来访登记簿记载信息提取统计的基础上,笔者对S县环保局副局长W、环境监察大队副大队长L、工作组组长X和H、普通监察人员C、H县环境监察大队大队长R共6人就环

---

① 资料来源:《2012年S县人民政府年度报告》。
② 资料来源:百度百科,H县。
③ 需说明的是,笔者在数据统计时发现从H县环境监察大队《人民来访登记簿》获得的信息真实性存在问题,故而摒弃了H县的这部分资料。

境监察人员解决纠纷中的一些问题进行了访谈,形成了8份访谈记录(对大队长R、环境监察人员X分别进行了两次访谈)。此外,为进一步了解纠纷当事人对环境监察大队纠纷解决工作的看法和建议,笔者从S县环保局2006年《人民来访登记簿》中按等距离抽样法抽出80个投诉人的电话号码,对其进行电话问卷,共回收有效问卷33份,并对有效问卷中的相关信息进行了分类统计。① 另从H县2003年至2007年6月的《群众来信(来访)记录》中共获得65个投诉人的电话号码,对全部投诉人进行电话问卷,共回收有效问卷30份,作为了解纠纷当事人看法的重要参考。此外,对S县问卷中获知的当地一起影响较大的环境群体性纠纷(以下简称A公司污染纠纷)的受害者代表×××小区业主委员会主任P、住户B进行了面对面访谈,形成了两份访谈记录。访谈记录和问卷结果是本书定性分析利用的重要材料。

样本1　S县环境监察大队《人民来访登记簿》样式

人民来访登记簿						
来访人姓名		性别		政治面貌		接待时间
所在单位或住址					接待人	
事由						
来访反映情况:						
处理意见及结果						

---

① 需要说明的是,对当事人的抽样问卷不仅应包括投诉人,还应包括被诉人。但获知当事人联系方式的唯一渠道——《人民来访登记簿》/《群众来信(来访)记录》基本没有记录被诉人的联系方式,使得对被诉人的问卷无法开展。而针对仅有几个有联系方式的被诉人的访谈也全部以被拒绝告终。

第三,环保局的各类文件。调研中调取的文件主要是 S 县、H 县环保局及其下属环境监察大队的工作总结、工作要点与内部规章。这些文件一方面能够与从《人民来访登记簿》/《群众来信(来访)记录》、访谈和问卷获得的信息相互对照,另一方面也反映出 S 县、H 县环保局及其下属环境监察大队对环境信访处理、纠纷解决等问题的看法与要求,对于了解环保部门决策管理层关于环境纠纷解决的立场态度有重要作用。

第四,对其他相关部门的调研资料。环境纠纷是整个社会纠纷构成的一部分,环境监察大队的行政解决也是环境纠纷解决体系的组成部分之一,因此,对环境监察大队解决环境纠纷的研究应置于该地区纠纷解决系统的大背景下开展。为此,本书的研究会使用同期在 S 县和 H 县纠纷解决系统其他相关部门调研过程中搜集到的资料,尤其是在 S 县人民法院搜集到的环境污染侵权损害赔偿的数据和案例。

(二) 方法

本书主要运用的是社会学的实证研究方法。实证性研究,即经验性研究,是社会学的基本方法,主要包括:观察法、实验法、统计分析法、数学模型法、问卷调查法、个案分析法等,注重通过对事实资料和证据的收集提出并验证各种理论设想和制度设计模式,以追求研究和制度建构的科学性、合理性和效益性。具体到纠纷解决,则着重分析在特定社会环境中纠纷当事人(包括当事人之间的关系、心理状态、价值观、纠纷行为等)、纠纷(纠纷的对象、性质、复杂程度等)的特点以及纠纷关联要素,包括社会结构、纠纷的原因(包括主观原因及所涉及的社会、文化、经济原因等)、纠纷的社会价值以及纠纷解决机制(包括纠纷解决机制的构成及其利用程度、实体规范和程序的特点、纠纷解决机构及其人员的素质等)。① 在调研对象的选取上,笔者采用了典型调

---

① 参见范愉:《纠纷解决的理论与实践》,清华大学出版社 2007 年版,第 34—35 页。

查、抽样调查和个案调查相结合的方式。典型调查是指在对调查对象进行初步分析的基础上,选择若干具有代表性的对象作典型,对其进行周密系统的调查,以认识调查对象的总体情况。抽样调查是指从全体被研究对象中,按照一定方法抽取一部分对象为代表进行调查分析,以此推论全体被研究对象状况的一种调查方式。而个案调查则是指对某个特定的社会单位做深入细致的调查研究的一种调查方式。①

具体来说,在总体调研对象的选取上采用了典型调查法。S县综合实力较强,工业发展势头强劲,工业对GDP增长的支撑作用明显,城市化进程较快,同时仍保留了乡土社会的部分特征,S县环境监察大队处理的环境纠纷可以在一定程度上反映出近10年来中国西南部城市和农村这部分纠纷的大致状况。而根据学者的研究,20世纪80年代以来乡镇企业的迅速发展是21世纪初环境污染的一个关键原因。同时,中国逐渐增加的对生态系统的损害也主要发生在农村区域。② 因此,选择综合实力较强特别是工业发展势头强劲的S县,与经济发展水平较低而生态环境较好的H县作为调查环境纠纷发生和解决制度的对象,具有代表意义。当然为使研究更具有普遍性,行文将注意与已有全国或地方资料的印证。在总体调研对象之下若干具体对象的选取上,既采取了抽样调查,例如通过对当事人电话号码按等距离抽样展开电话问卷;也采取了个案调查,例如A公司污染纠纷、S县法院受理环境污染侵权损害赔偿的典型案例。

在实证研究的经验解释基础之上,笔者进一步将理论解释(即逻辑解释)与之结合。理论解释和经验解释是社会科学中解释的两种类型,这两种类型通常结合起来运用,也就是通常所说的理论分析和经验分析相结合。经验解释是指通过实际发生的事例来说明事物之间的因果关系。理论解释则是指通过分析事物的固有属性来推断事物

---

① 参见吴增基等:《现代社会调查方法》(第2版),上海人民出版社2003年版,第100、121、126页。
② J. Zhang, "Scientific Establishment of Governmental Responsibility in Environmental Legislation," *China Population, Resources and Environment*, 2008, 18(1).

之间的可能的关联。① 在对包括诉诸环境监察大队的纠纷状况、环境监察人员如何解决这些纠纷、解决纠纷的具体方式有哪些、为什么会采用这些方式、纠纷解决效果怎样等一系列具体问题的讨论中,笔者尽可能使定量和定性分析相结合,理论分析和经验验证相结合,归纳出环境纠纷行政解决机制的运行特征与模式,以及纠纷解决中各利害关系人之间复杂的权力关系。

除实证研究方法外,笔者也运用了比较研究法。作为社会科学包括法学研究的基本方法,比较方法通过对各种事物或现象的对比,发现其共同点和不同点,并由此揭示其相互联系和相互区别的本质特征。具体包括横向和纵向比较两种方法。横向比较是一种空间上的比较,把调查对象的有关资料和不同地区、不同民族、不同国家的同类现象的资料进行比较。纵向比较是把同一调查对象的不同历史时期的资料进行比较,以发现其历史的变化趋势,又称为历史比较。② 本书中,比较研究被广泛运用:既有同一时期对中国西南部 S 县和 H 县环境纠纷状况、行政解决机构及纠纷解决效果的横向比较,也有从时间上(从新中国成立至今)环境纠纷行政解决机制不同时期表征的纵向比较。此外,本书第五章对中国和其他国家(地区)的环境纠纷行政解决制度从比较法角度进行了集中研究。需要说明的是,尽管对日本、韩国和我国台湾地区环境纠纷行政解决制度的比较法研究已不少见,但多是中文二手资料。本书的比较法资料来自日本、韩国和我国台湾地区学者撰写本国或本地区该制度的论文,以及专门研究该国或该地区环境纠纷行政解决制度学者的论述。除对制度本身的梳理,还特别关注环境纠纷行政解决制度在该国或该地区建立的社会、政治和经济背景,以及施行后的实际效果。

---

① 关于两者的关系,美国社会学家艾尔·巴比有一个精辟的总结:"科学理论处理的是逻辑层面;资料搜集处理的是观察层面;而资料分析则是比较逻辑预期和实际观察,寻找可能的模式。"参见〔美〕艾尔·巴比:《社会研究方法》(上),邱泽奇译,华夏出版社 2000 年版,第 34—35 页。

② 参见吴增基等:《现代社会调查方法》(第 2 版),上海人民出版社 2003 年版,第 316 页。

第二章 环境监察大队受理的环境纠纷[①]

一、纠纷数量

随着工业化进程的加快，S县环境问题愈发明显。由图2-1和图2-2可见，2004年至2006年3年间，S县环境监察大队受理的环境信访和环境纠纷数量随S县地区生产总值的增长而增加，两者呈正相关。尽管数据表明S县的环境纠纷与地区发展总值呈正相关，但并不能简单地将环境纠纷的发生归因为经济发展。环境纠纷的来源是一个复杂的问题。绝大多数环境纠纷是由人们对什么构成对环境有利的政策持不同看法引起的，也有一些环境纠纷是因为对环境影响可能性的不同测定产生的，并进一步因纠纷地点和时间的范围不同而加重。[②] 与全国各级环境监察部门解决了大量环境纠纷的情况相似，S县环境监察大队也受理并解决了S县境内的大量环境纠纷。正如导论提及的，与诉讼、政府信访等纠纷解决机制相比，S县环境监察大队

[①] 由于前述H县资料获取上的问题，本章对环境监察大队受理环境纠纷状况的分析主要是基于S县的实证资料展开。

[②] L. S. Bacow and M. Wheeler, *Environmental Dispute Resolution*, New York: Plenum Press, 1984, preface, pp.5-10.

解决的环境纠纷数量占绝对优势。

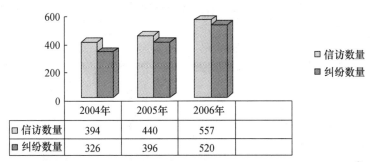

图 2-1 2004—2006 年 S 县环境监察大队受理的环境信访/纠纷数量[①]

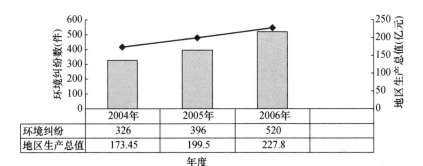

图 2-2 2004—2006 年 S 县环境监察大队受理环境纠纷和地区生产总值变化关系

二、纠 纷 类 型

按照污染物排放的类型,本书将 S 县环境监察大队受理的环境纠纷分为大气、噪声、水和其他四种。图 2-3 显示,2004 年至 2007 年 7

---

① 受调研期间所限,笔者仅获得了 S 县环境监察大队 2004 年至 2006 年及 2007 年 1 月至 7 月的有关数据。在对数据的展示方面,根据 2007 年 1 月至 7 月的绝对数据制作的图表不够直观,不易看出变化趋势,而对以百分比形式绘制的图表则影响不大。因此,下文中所有涉及绝对数值的图表均省略了 2007 年 1 月至 7 月的数据,百分比形式的图表则保留了 2007 年 1 月至 7 月的数据,特此说明。

月，S县环境监察大队受理最多的是大气纠纷，噪声纠纷次之，水纠纷比较稳定，其他类型的纠纷相对较少。① 对各类纠纷状况的具体分析如下。

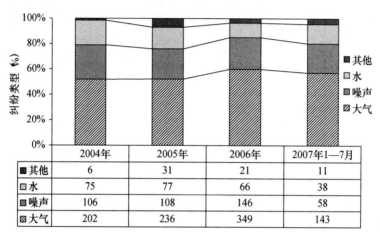

图2-3　2004—2007年7月S县环境监察大队受理纠纷类型

---

① 从官方统计角度，环境纠纷被分为大气、噪声、水和固体废弃物四类。将图2-3的S县数据与图F-1所示全国数据比较，发现二者基本相近，噪声和大气纠纷占绝对比重，水纠纷比较稳定，固体废弃物纠纷最少。

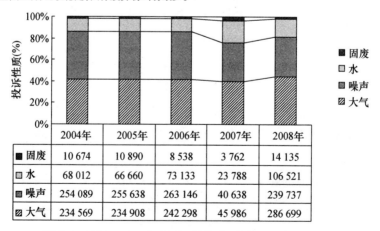

图F-1　2004—2008年全国环境信访(来信)受理纠纷类型

(一) 大气纠纷

大气纠纷(包括粉尘和油烟)的绝对数量呈增长趋势,约占纠纷总量的55.3%(见图2-3和图2-4)。为何大气纠纷在S县环境纠纷构成中占有如此之大的比重?从对S县环境监察人员的访谈中笔者了解到,除伴随工业发展大气污染增加产生的纠纷外,餐饮服务业兴起引发的大气纠纷也不在少数,这是因为S县城市餐饮服务业发展很快,许多餐饮店正位于居民区内,排放的油烟污染和燃烧蜂窝煤产生的粉尘污染对周围居民的日常生活造成很大影响,产生了不少纠纷。为解决这一问题,2005年S县政府开始对餐饮业耗能进行全面整治,要求经营者无论规模大小,一律禁烧蜂窝煤,改烧无烟煤或安装天然气(对安装天然气的经营者给予一定补贴)。该整治工作得到民众大力支持,于是当民众发现有经营者偷烧蜂窝煤等侵害自己环境权益的行为时,更加"理直气壮"地向环境监察大队投诉,由此表现出来的大气纠纷增多。①

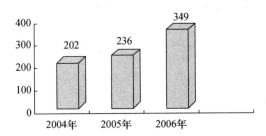

图 2-4 2004—2006 年 S 县环境监察大队受理大气纠纷数量

(二) 噪声纠纷

如图2-5所示,S县环境监察大队受理的噪声纠纷逐年增加,所占比例仅次于大气纠纷,约为24.86%。有学者对中国社会噪声纠纷较

---

① 资料来源:2007年7月22日对S县环保局环境监察大队工作组组长X和H的访谈记录。

多的原因作出过解释:一是因为全国的噪声污染非常严重,许多城市环境噪声严重超标,使居民无法正常生活。二是因为噪声污染与人们的日常生活密切相关,人每天都要休息,但噪声往往使人无法休息,直接影响到每一个具体的人,而不是像江河水污染那样是许多人共同受害。因此噪声污染往往最能激起受害者的反对和抗议。① 具体到S县,从20世纪90年代中期开始其房地产业和餐饮业稳步发展,S县H镇开发的楼盘和美食街小有名气,随之产生了不少建筑施工和餐饮娱乐噪声纠纷。另外据了解,S县环境监察大队每年六七月受理的噪声纠纷特别集中。这是因为其时正值中、高考,噪声污染对学生学习和休息影响尤为明显,许多其他时候尚在忍耐范围内的噪声变得难以容忍,由此引发的纠纷相应增加。②

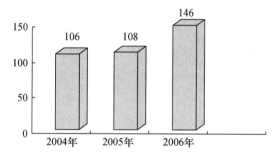

图2-5 2004—2006年S县环境监察大队受理噪声纠纷数量

(三) 水纠纷

S县养殖业产生的粪便是一种主要的水污染源。但S县水污染纠纷总量不大,且有减少的趋势(图2-6),在各类纠纷中约为15.72%。这一趋势可归因于政策导向的转变:S县政府曾一度给予当地养殖户

---

① 参见王灿发:《中国环境纠纷及其处理的初步研究》,载王灿发主编:《环境纠纷处理的理论与实践——环境纠纷处理中日国家研讨会论文集》,中国政法大学出版社2002年版,第6页。
② 资料来源:2007年7月22日对S县环保局环境监察大队工作组组长X和H的访谈记录。

种种优惠条件鼓励小养殖业发展。家庭或个人养殖户通常因为资产有限,无力安装污染治理设施,常常直接将未经处理的粪便垃圾等排放入水中,造成水污染从而引发了较多纠纷。当小养殖业发展到一定规模后,政府开始限制,如规定了禁养区、限养区,在限养区内鼓励规模化养殖,部分开展资源回收,对不符合排污规定的养殖户坚决取缔等。在这些政策的有效推行下,污染源减少了,水污染纠纷也随之保持稳定甚至数量和比例均有所减少。

养殖业污染已成为我国农村水污染的主要来源。① 正如笔者在 H 县了解到的,当地的水污染源主要是 H 县大力发展的奶牛业产生的奶牛粪便。H 县除规模最大、已成为 S 省主要奶源的 Y 奶业外,还有不少群众响应县政府号召养殖奶牛,一些规模养殖场相继产生,但是在奶牛粪便处理问题上却相对滞后。原计划粪便用于还田,因养殖奶牛数量不断增加,已经出现了富余,奶牛粪便排入河内情况时有发生。② H 县环保局在对当地人大代表就河水污染提案作出的回复中坦言:"我们一直在努力解决奶牛养殖所带来的环境污染问题,多次外出考察探索解决奶牛粪便的有效办法。由于奶牛产粪量大,目前国际、国内对奶牛粪便污染源处理都还没有很好的办法。"③

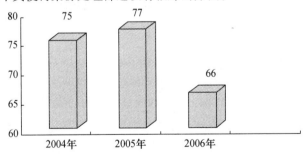

图 2-6 2004—2006 年 S 县环境监察大队受理水纠纷数量

---

① 参见马璟:《关于农村畜禽养殖污染现状的调查与思考》,载《环境研究与监测》2012 年第 1 期。
② 资料来源:H 县环保局回复 S 省环保厅信访文件《对 J 乡 A 河被污染一事的调查处理情况汇报》。
③ 资料来源:H 县环保局《对 H 县中共第十二次代表大会代表 W 关于 A 河污染提案的答复》。

（四）其他纠纷

S县环境监察大队受理的其他类型纠纷比例很小，仅为4.1%，主要包括固体废弃物、强光和辐射三种纠纷。值得一提的是，辐射污染纠纷是由S县紧邻机场的特殊地理位置决定的：生活在机场附近的居民认为机场雷达辐射超标，对其身体健康和种植的农作物生长有害，故而产生了少量纠纷。S县环境监察大队受理投诉后，对当地的雷达辐射强度进行了数次监测，监测结果表明辐射并未超标。①

三、纠纷特点

经过统计分析，笔者发现除一般意义上环境纠纷所具有的原因复杂性、主客体不确定性、社会性等特点外②，S县环境监察大队受理的环境纠纷还呈现出如下典型表征。

（一）投诉人基本为污染受害者

投诉人的构成状况能够反映出环境污染的权利损害指向。S县数据显示，投诉的均为环境污染受害者，即通常由感到自己权利受到侵害的一方当事人主动寻求救济从而启动纠纷解决程序。从纠纷解决角度，投诉人构成状况决定了纠纷解决机制运行的主要目的：当投诉人都是环境污染的受害者时，作为纠纷解决机构的环境监察大队主要解决被诉人的排污行为是否给投诉人造成了损害且造成了多大损害。笔者把投诉人性质分为自然人和单位两大类。其中，自然人包括单个自然人和个体经营者，单位则包括企业、事业单位和政府部门。进一步分析投诉人的构成发现，投诉的受害者基本上是自然人性质，单位

---

① 资料来源：S县环保局环境监测站《S县机场雷达辐射监测报告书》。
② 参见齐树洁、林建文主编：《环境纠纷解决机制研究》，厦门大学出版社2005年版，第3—4页。

很少(见图 2-7)。当然这并不意味着单位和污染者之间不曾发生过环境纠纷,而很有可能是通过其他途径解决了纠纷。对唯一的一位单位投诉人的访谈证实了这点:该单位负责人这样告诉笔者:"他们(污染者)的油烟排放影响到我们后,我亲自去找过他们老板好几次,(对方老板)态度倒是很好,一再承诺说要改正,就是没见效果,实在没办法我们才向环保局反映的。说实话,大家都是做生意的,要彼此体谅,我本不想把事情闹大。"①单位受害者经济实力、社会影响力较强,能够直接向污染者施加压力,污染者对其请求不敢轻怠;同时,出于不把事态扩大化的考虑,单位受害者更倾向于直接找污染者私下协商解决纠纷,而不借助外部力量。H 县环境监察大队大队长 R 也谈到,当地环境监察大队受理的纠纷中,自然人受害者一般都没有在投诉前找污染者协商,而是直接向环境监察大队投诉。他认为原因在于自然人受害者相较污染者是弱者,需要找政府机关帮他们"撑腰"②,这从反面印证了单位受害者选择的合理性。在其他条件相似的前提下,实力相近当事人之间协商的成功率应该要高于实力不对等双方的协商。

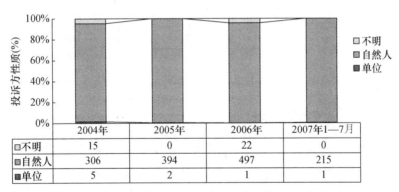

图 2-7　2004—2007 年 7 月 S 县环境监察大队受理纠纷中投诉人的性质

投诉人按数量可分为单人投诉和多人投诉,多人投诉是指 2 人以上(含 2 人)在同一时间或不同时间向环境监察大队投诉同一污染者。

---

① 资料来源:对 S 县环境污染受害者的抽样问卷 S-11。
② 资料来源:2007 年 6 月 1 日对 H 县环保局环境监察大队大队长 R 的访谈记录。

由图 2-8 可见,S 县环境监察大队每年受理的多人投诉比例约为 5.68%。多人投诉一定程度上折射出污染的范围较广,受害者数量众多,纠纷的社会影响较大。对纠纷解决机构来说,多人投诉纠纷的解决难度更大,如果得不到妥善解决,受害者群体容易向其他政府部门甚至上级信访部门反映,进而可能酿成群体性事件影响社会稳定。H 县环境监察大队的大队长 R 认为,多人投诉尽管不会影响纠纷解决力度,但作为处理该纠纷的环境监察人员,其承受的压力会相应增加。① 故而投诉人的数量会影响到环境监察人员对纠纷解决方式的选取。后文将介绍到,受害者人数众多,"群情激愤",即多人投诉可能是环境监察人员选择以行政调解方式解决环境纠纷的重要原因。

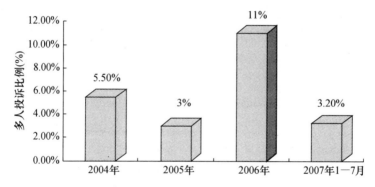

图 2-8 2004—2007 年 7 月 S 县环境监察大队受理纠纷中多人投诉比例

(二) 受害者诉求以防止型居多

图 2-9 表明,68.7% 的投诉人未提出具体诉求,而是笼统代之以"污染严重影响生活、要(环境监察大队)解决污染问题(纠纷)",只有 31.3% 的投诉人有明确诉求,如要求企业减少、停止排放污染,停产停业,尽快搬迁,改正排污行为。另外,在 S 县的抽样问卷没有碰到一例要求经济赔偿的纠纷,这可能是样本较少所致。笔者在 H 县作了同样的问卷(见图 2-10),有 45.18% 的投诉人诉求不明确,48.38% 的投诉

---

① 资料来源:2007 年 6 月 1 日对 H 县环保局环境监察大队大队长 R 的访谈记录。

人分别提出了减少、停止污染,搬迁,取缔污染企业的请求。H 县有两位受访者(各占3.22%)分别提出了鉴定和赔偿请求,这在 S 县的问卷中没有遇到。针对提出鉴定请求的投诉人,笔者反复追问他为什么会提出鉴定? 后了解到该投诉人受教育程度较高。他解释说并不确定住家隔壁皮革加工厂排放的异味是否对人体健康有损害,所以希望环境监察大队派人使用科学工具进行鉴定。① 针对提出赔偿请求的投诉人,笔者进一步追问了他的赔偿请求是否得到支持,他回答,从环境监察大队了解到申请赔偿非常复杂,要到法院"打官司"才能拿到钱,觉得太麻烦就放弃了。②

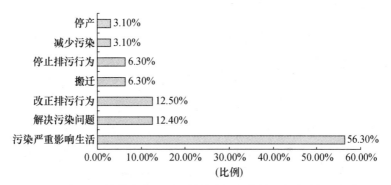

图 2-9 "S 县环境监察大队受理纠纷中投诉人的诉求内容"问卷结果

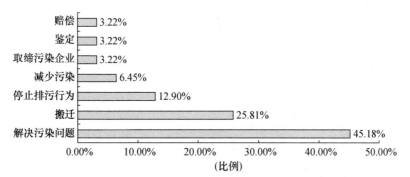

图 2-10 "H 县环境监察大队受理纠纷中投诉人的诉求内容"问卷结果

---

① 对 H 县环境污染受害者的抽样问卷 H-4。
② 对 H 县环境污染受害者的抽样问卷 H-9。

笔者进一步访谈了 S 县、H 县环境监察大队工作人员，据介绍，他们在纠纷解决中遇到要求经济赔偿的情形确实很少。① 这很可能一方面缘于主观上受害者的环境权利意识较低。毋庸置疑，从总体上看，在中国，环境权利和环境义务意识的发展均较缓慢。而这种发展状况是由中国的社会经济结构和文化环境所决定的，人们在相当程度上把自然环境当做与己甚远的公共物，在权利受到损害时，既不可能意识到自己是环境权利的主体，更不知道或敢于对实施者提出控告，以维护自己的权利。② 他们认为只要没有对自己人身和财产造成明显损害，制止污染即可，无须赔偿。另一方面是受客观上严格的求偿条件和程序所限。当损害发生时，民众可能还没有考虑到要采取法律行动，没有搜集足够的证据证明他们的损失。这种情况在突发性的污染损害中例如泄漏事故中比持续性的污染更为麻烦。③ 受害者申请赔偿不仅需要提供环境监测数据，还要有相关部门认定损害事实存在及损害额度的鉴定结论。对很多类型的污染损害来说，没有特定技术专长的受害者，必须依靠律师事务所、环保团体、地方环保机构或其他官方机构如农业或渔业部门来获得上述专门性知识。④ 就日常生活中最常见的油烟和噪声纠纷来讲，损害金额通常难以确定，受害者一般不愿意大费周章地申请鉴定。当然也不排除个别受害者提出赔偿请求，但多在环境监察人员告知求偿条件和程序、自己衡量得失后作罢（如前

---

① 资料来源:2007 年 6 月 1 日对 H 县环保局环境监察大队大队长 R 的访谈记录；2007 年 7 月 21 日对 S 县环保局环境监察大队工作人员 C 的访谈记录；2007 年 7 月 22 日对 S 县环保局环境监察大队工作组组长 X 和 H 的访谈记录。

② 参见曾建平:《环境正义——发展中国家环境伦理问题探究》，山东人民出版社 2007 年版，第 266—267 页。

③ "When damages occur citizens may not yet have thought of initiating legal action, and fail to gather sufficient evidence to prove their losses. This is, of course, more troublesome in cases which involve one-time pollution violations, such as leakages or accidents, than in cases where pollution is continual." 参见 B. van Rooij, op. cit., p.68.

④ "For many sorts of damage a certain amount of technical expertise is required which victims themselves do not have, and for which they must depend on experts from law firms, NGOs, or local environmental or other authorities, including for instance agricultural or fishery bureaus." 参见 B. van Rooij, op. cit., p.68.

述那位 H 县投诉人)。

从抗争目的而言,环境污染受害者的诉求内容可分为赔偿型与防止型。赔偿型系针对已发生之公害,以请求损害赔偿为目的。防止型则指于公害逐渐发生之际,或有发生之虞时,以抗争运动之方式,来达其消减公害之目的。另外,也有赔偿型与防止型的混合请求的形态。①我国西南部环境污染受害者的诉求特点似可归入防止型诉求,即受害者主要是以向环境监察大队投诉作为抗争方式,来达到减少或制止污染的目的。

(三) 纠纷来源渠道呈现多样化

S 县环境监察大队受理环境纠纷的渠道包括来电、来访和信件。图 2-11 显示,来电最为普遍,来访较少,信件则趋近绝迹。随着电话作为信息传递工具在城市以及农村富裕地区的普及,纠纷来源渠道被大大拓宽了。一般情况下投诉人都倾向于电话投诉,只有遇到严重损害其健康权或财产权的纠纷或多次电话投诉未得到解决时才会选择上门投诉。投诉电话包括 S 县环保局和环境监察大队的办公室电话以及"12369"环境投诉热线,其中,环保局和环境监察大队办公室电话号

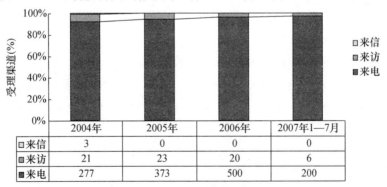

图 2-11 2004—2007 年 7 月 S 县环境监察大队受理纠纷的来源渠道

---

① 参见陈慈阳:《环境法总论》,元照出版有限公司 2003 年版,第 391 页。

码在 S 县公布时间早,媒体宣传多,公众知晓度较高,是最主要的纠纷来源渠道;S 县的"12369"环境投诉热线开通于 2003 年至 2004 年之间(未查到确切时间),该热线上班时间有专人值守,其余时间可自动接听记录投诉。①

(四) 选址问题型纠纷具有一定比例

受叶俊荣对环境纠纷作设厂型/非设厂型分类的启发②,笔者针对环境纠纷的产生原因,以是否污染者的选址问题导致污染从而引发的纠纷,将环境纠纷分为选址问题型/非选址问题型纠纷。选址问题型/非选址问题型纠纷的对比能够反映出政府环境政策的真实意图:如果选址问题型纠纷数量大,说明政府的政策评估更看重建设项目的经济前景,忽视对环境的负面影响;如果选址问题型纠纷数量少,则说明政策评估更重视环境保护,对经济效益的追求有所节制。规范层面上,环境保护早已被确立为我国的基本国策,现行《环境保护法》第 19 条规定的环境影响评价制度和第 41 条规定的"三同时"制度也为预防选址问题型纠纷提供了法律保障。至于实践中选址问题型/非选址问题型纠纷的具体状况,尚缺乏全国数据,图 2-12 显示 S 县环境监察大队受理纠纷中选址问题型纠纷虽然增幅不明显,但一直维持在 35% ~ 50% 的较大比例。③

选址问题型纠纷中的污染者主要体现为两类:

一类是规模较大的国有或集体性质工厂。在 20 世纪八九十年代一味追求经济发展的政策导向下,S 县政府大力扶持的部分企业尤其

---

① 资料来源:2007 年 7 月 24 日对 S 县环保局环境监察大队副大队长 L 的访谈记录。
② 参见叶俊荣:《环境政策与法律》,中国政法大学出版社 2003 年版,第 271 页。
③ 我国台湾地区自 1999 年至 2003 年这 5 年间,共发生了 259 件公害纠纷,其中 54 件是设厂型纠纷,比例为 20.8%,所占比重也不小。参见叶俊荣:《环境理性与制度抉择》,台北三民书局 1997 年版,第 9 页。不过据他介绍,进入 21 世纪后台湾地区的设厂型纠纷已减少许多。该信息来自笔者 2010 年 10 月 31 日在荷兰阿姆斯特丹与叶俊荣教授的当面交流。

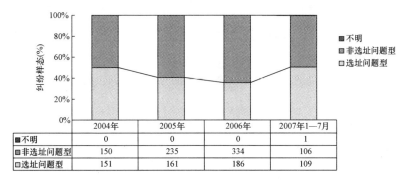

图 2-12　2004—2007 年 7 月 S 县环境监察大队受理的选址问题型/非选址问题型纠纷

是重工业企业选址没有经过严格规划,建成后生产性污染如粉尘、噪声、水污染严重导致纠纷不断。H 县也存在同样问题,H 县环境监察大队大队长 R 谈到,20 世纪 80 年代 H 县是工业弱县,一心发展工业 GDP。在污染较大的 Q 化工厂选址问题上,环保局提出过反对意见,却被认为是"只顾环保局狭隘利益的部门本位主义"。① 选址问题型纠纷因为选址存在问题,大多需要搬迁才能彻底解决。对这类规模较大的企业来说,搬迁成本极其高昂,企业会尽力采取各种抵制措施;此外,这些企业的搬迁对当地经济发展的影响较大,政府有时也会对纠纷解决施加不正当压力,使得纠纷解决难度显著增加。②

另一类污染者是规模极小的个体经营者。原国家环保总局、国家工商行政管理总局于 1995 年联合颁布的《关于加强饮食娱乐服务企

---

① 资料来源:2007 年 6 月 1 日对 H 县环保局环境监察大队大队长 R 的访谈记录。
② 我国台湾地区设厂型纠纷的解决同样面临着诸多类似的难题,每一件纠纷背后都隐含着税制、土地区划、工业政策以及社区关系等复杂问题,根本无法以单纯的禁止或法办就能妥善处理。参见叶俊荣:《环境理性与制度抉择》,台北三民书局 1997 年版,第 9 页。

业环境管理的通知》对这类选址问题型纠纷的预防有明确规定①,但事实上个体经营者在开办前无法像企业那样进行严格的规划选址;有关部门在颁发营业执照、经营许可证时出于部门利益考虑很多时候也没有征求环保局的意见。不少餐饮娱乐行业的选址过于靠近或位于居民生活区内,直接对居民生活环境造成影响,开业后受资金所限,个体经营者普遍不愿安装污染治理设施,即便安装了也相当简陋,无法制止污染扩散使得纠纷产生。这种因为政府部门之间缺乏协调和配合而出现的选址问题型纠纷在全国范围内也较为普遍。② 究其根源,这是一种环境公共权力的部门冲突。在我国,拥有环境公共权力的行政机关很多,公共权力的私人占有和利益趋向很容易导致行政机关间的部门冲突。③ 这类选址问题型纠纷因为"厂"设立成本低廉,与大型企业相比搬迁更为方便,解决起来要比第一类选址问题型纠纷相对容易。受污染者实际可投入的治理资金所限,环境监察人员处理污染者为个体经营者的纠纷时,更为注意灵活选取纠纷解决方式,但解决效果往往不理想或者容易反复。H 县环境监察大队大队长 R 对此颇为头疼:个体户有些难缠!不少下岗工人生活无法保障才做起个体户的。与企业相比,个体户法制观念差一些。举例说,企业"说"(此处的"说"应该是前去处理之意——笔者注)两次就改正了,个体户接受程度、思想转化程度慢,可能要"说"三五次。我们对企业采取的手段强

---

① 该通知对饮食娱乐服务业的选址、申报、环境影响报告、相关部门的配合都作出了具体规定:"一、饮食、娱乐、服务企业的选址,必须符合当地城市规划和环境功能要求,配置防治污染的设施,保护周围的生活环境……三、新建、改建(含翻建)、扩建、转产的饮食、娱乐、服务企业,有涉及污染项目的,应按环境保护法及有关行政法规,向当地环境保护行政主管部门办理环境影响申报登记或审批手续。四、有污染的企业,在申请企业设立、变更登记时,国家法律、法规规定需要审批的,应提交有关环境影响报告表(书)。工商行政管理部门在审核企业登记申请和对企业的监督管理工作中,可以要求企业就污染及防治情况作出说明,发现有可能存在污染或已存在污染的,要及时向环境保护行政主管部门通报情况……八、各级环境保护行政主管部门与工商行政管理部门应密切配合,依法加强对饮食、娱乐、服务企业的现场检查和监督管理。"

② 参见齐树洁、林建文主编:《环境纠纷解决机制研究》,厦门大学出版社 2005 年版,第 90 页。

③ 参见赵俊:《环境公共权力论》,法律出版社 2009 年版,第 111 页。

度、力度大得多,对个体户主要以说服、宣传为主,反复动员,反复劝说,态度好得多。①

(五) 长期污染型纠纷占绝大多数

长期污染型纠纷,是指从环境污染发生到纠纷产生的期间较长,即纠纷是由长期性污染引发的。与之相对应的纠纷类型是突发污染型纠纷,即从污染发生到纠纷发生经过时间极为短暂,这是根据纠纷形成过程所作的分类。在调查 S 县环境监察大队受理纠纷属于突发污染型/长期污染型的问卷中(见图2-13),88%的投诉人明确反映遭受环境污染的持续时间较长,某些甚至长达数年。以致投诉人(受害者)忍无可忍与被诉人(污染者)发生冲突,进而向环境监察大队投诉。H 县的问卷结果与 S 县基本一致(见图2-14),87%的纠纷属于长期污染型纠纷,只有10%的纠纷是突发性污染导致的纠纷,另有3%不明。突发污染型纠纷的意外性成分较高,通常伴随着污染事故发生:如工厂气爆污染空气或突然断电致工厂大量排出废水,污染在短时间内急

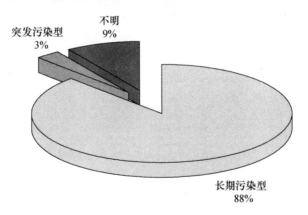

图2-13 "受害者向 S 县环境监察大队投诉纠纷
属于突发污染型/长期污染型"问卷结果

---

① 资料来源:2007 年 6 月 1 日对 H 县环保局环境监察大队大队长 R 的访谈记录。

剧爆发,立时对周围环境造成污染并引发纠纷。图 2-13 同时显示 S 县突发污染型纠纷很少,仅占 3%,这与 S 县从 2004 年至 2007 年 7 月基本没有发生过污染事故相印证。长期污染型纠纷对纠纷解决同样存在一定影响:正如有学者指出的,长期性意指纠纷有一个广阔的过去,动荡的现在和含混的将来。① 长期污染型环境纠纷意味着受害者忍受污染时间较长,积怨较深,当事人对立、冲突的激烈程度甚至可能比突发污染型纠纷更强,无形中增加了纠纷解决难度。

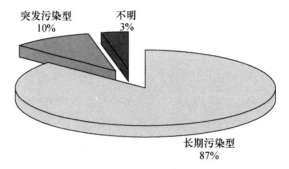

图 2-14 "受害者向 H 县环境监察大队投诉纠纷属于突发污染型/长期污染型"问卷结果

---

① "Long-standing refers to conflicts that have an extensive past, a turbulent present, and a murky future." 参见 R. J. Lewicki, B. Gray, and M. Elliott, *Making Sense of Intractable Environmental Conflicts: Frames and Cases*, Washington: Island Press, 2003, p.38.

第三章 环境纠纷行政解决机制的运行

S县环境监察大队是S县环保局下具体处理环境信访和解决环境纠纷的机构,前身是环境监理大队。原S县环境监理大队有15人从事污染监理工作,配备了两辆执法用车和若干检测设施。① 2007年7月笔者调研时,S县环境监察大队在编人员共14人,依照片区分成了3个工作小组,每个小组设1名组长和2~3名组员,并配备1辆执法用车。H县环境监察大队前身是H县地区环境监督管理站,成立于1998年,核定编制5人,2003年5月,H县编委办将原H县环境监理站更名为H县环境监察大队,是环保局下属的财政全额拨款的独立机构,具有法人资格。H县环境监察大队在编人员8人②,下设环境监察一大队、环境监察二大队和办公室,共配有4辆执法车。环境监察一大队和二大队分别有3人,各设大队长1名。与S县每个工作组都要负责解决环境纠纷不同,H县负责查处环境污染纠纷、办理市长信箱来信、群众举报投诉等事务的只有环境监察一大队。另外,办公室有2人,设主任1名,其职责之一是接收、登记和分解环保投诉。③

---

① 资料来源:《S县环境监理大队环境监理标准化建设工作总结》(S环发〔2002〕29号)。
② 资料来源:H县环保局《关于H县环境监察大队标准化建设的总结报告》。
③ 资料来源:《H县环境监察支队内设机构方案》。

S 县和 H 县环境监察大队的办公经费主要来自财政拨款,由环保局统筹安排。原 S 县环境监理大队年人均财政拨款超过 2 万元(仅指办公经费,不含工资),而 S 县环境监察人员普遍感觉"原来(环境监理大队时)经费紧张些,现在(环境监察大队成立后)基本够用"。① 可推断 S 县环境监察人员的人均办公经费应已超过每年 2 万元。H 县环保局内部文件反映出 H 县环境监察大队工作人员每年的办公经费平均尚未达到 3 万元。② H 县环境监察大队大队长 R 在访谈中提到,中央、省、县财政在 H 县环境监察大队征收的排污费中提取 40%,剩下 60% 用于污染治理,由省财政建立专项基金统一管理。环保局可申请县财政提留款中的 10%~20% 作为办公经费。这笔经费由环保局统筹使用,并不专门拨给环境监察大队。③

　　比较 S 县原环境监理大队和现环境监察大队的人员经费配置发现,虽然环境监察大队的工作经费更加充足,执法设备也更为完善,但是环境监察人员数量没有明显增加,甚至还有一定程度的减少。④ S 县环境监察大队在他们的一份工作总结中提到了这个问题,"S 县幅

---

① 资料来源:2007 年 7 月 21 日对 S 县环保局环境监察大队工作人员 C 的访谈记录;2007 年 7 月 22 日对 S 县环保局环境监察大队工作组长 X 和 H 的访谈记录。
② 资料来源:《环境监察大队标准化建设达标工作计划》。
③ 资料来源:2007 年 6 月 1 日对 H 县环保局环境监察大队大队长 R 的访谈记录。
④ 这与全国环境监察(理)人员数量的增加趋势不一致,见图 F-1。

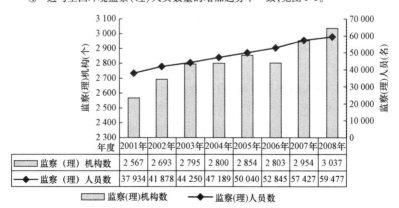

图 F-1　2001—2008 年全国环境监察(理)机构/监察(理)人员数量变化

员1 062平方公里,辖24个街办和镇,管理500多家企业,全年(受理)环境投诉几百件,现有编制人员数和在岗人员数无法满足工作需求"。① 这一矛盾将对后文所要描述的环境纠纷解决程序、方式及效果等产生重要影响。

一、行政解决的一般流程

目前尚未有法律、法规或行政规章对环境纠纷的行政解决程序作出明确规定。② 通过调研了解到,实践中S县与H县环境监察大队解决纠纷的一般流程,主要包括记录投诉、现场调查、监测、处理和回复五个步骤(图3-1)。

图3-1 环境监察大队解决纠纷的一般流程

首先是对投诉的记录。按照S县环保局的内部规定,对群众来信、来电、来访要做到热情接待,认真记录,及时深入现场展开调查。③ 如果纠纷不属于S县环保局的管辖范围,需告知投诉人向有管辖权的环保部门投诉;如果涉及跨界纠纷,受理后需要与有关环保部门协同处理或报上级环保部门处理。环境监察大队专职负责信访接待的工作人员在接到投诉的来电、来信或来访后,先要将纠纷相关情况作一简要记录。而其中需要详细记录的是被诉人(污染者)的名称和地址,以便查找现场开展调查。投诉人的联系方式也要登记在案,以便处理

---

① 资料来源:《S县环境监察大队2006年上半年工作总结及下半年工作要点》(S环监察〔2006〕2号)。
② 需作说明的是,1996年颁布的《环境监理工作程序(试行)》曾对环境污染纠纷的调查处理简要规定了登记立案、调查核实、调解处理和结案归档四个环节。但该文件已被2012年环保部颁布的《环境监察办法》废止,而新的《环境监察办法》并未对环境纠纷的行政解决程序作出规定。
③ 资料来源:《S县环保局关于继续开展争创信访文明接待室争做文明接待员活动的总结》。

后及时回复。做好记录后,工作人员便把纠纷按被诉人所在区域交给负责该片区的环境监察小组组长,由其全权处理。H县则是由办公室工作人员接待记录投诉,再交由环境监察一大队处理。

其次是现场调查。对所有投诉,按规定都要"出现场"即现场调查。为保证公正性,现场调查至少需要两名环境监察人员同去,如果是社会影响大的纠纷,环保局污染管理与控制科、当地政府等也要派人协助调查。根据S县环保局的内部规定,环境投诉凡是无特殊原因的,必须当天办理。① 实际操作中,针对普通纠纷,环境监察人员如果是上午接到的,一般当天能赶去现场;下午接到的话,如果同时有其他亟须处理的事务,则可能第二天才"出现场"。H县环境监察人员对污染者位于城区内的投诉通常能在当天到现场展开调查,污染者位于农村的一般要等到第二天"出现场"。② 如果接到重大或紧急纠纷则必须尽快赶赴现场,尤其是突发性污染引发的纠纷,对现场调查的开始时间要求最为严苛,晚去证据可能面临灭失危险。环境监察人员根据投诉人提供的地址查找到现场后,便开始着手调查污染和纠纷的具体状况。

如何判断污染的具体状况?这就需要有环境监测数据的佐证。③ 调研发现并非所有纠纷处理都经过监测这一环节,而且根据纠纷类型采用的监测方法有所不同。

针对油烟纠纷,环境监察人员一般不监测而是直接检查是否安装了油烟净化设备。据介绍,S县所属的C市环保局向油烟排放者推荐了两个品牌的油烟处理器,通过这两个品牌油烟处理器排放的油烟都在排污标准之内,因此环境监察人员只要看到被诉人安装了该品牌油

---

① 资料来源:《S县环境监察大队2006年工作总结及2007年工作要点》。
② 资料来源:2007年6月1日对H县环保局环境监察大队大队长R的访谈记录。
③ 环境监测数据是指以环境监测为技术依据的、用以在环境诉讼或环境污染纠纷案件处理过程中证明争议案情和认定环境污染责任的环境污染事实,它具有科学性、准确性、时效性和合法性等特点。参见陈长等:《环境监测数据的证据效力问题初探——湛江环境污染纠纷案件处理启示录》,载王灿发主编:《环境纠纷处理的理论与实践——环境纠纷处理中日国家研讨会论文集》,中国政法大学出版社2002年版,第277—278页。

烟处理器即认定油烟排放不超标。①

粉尘多为无组织排放,可以用肉眼观察。故环境监察人员通常也不对粉尘污染进行监测,而是直接就肉眼观察情况判断粉尘排放量是否超标。

噪声分贝人耳无法准确辨识,需运用专门的噪声监测仪进行监测。按照《中华人民共和国环境噪声污染防治法》(1997年3月1日起施行)第54、57、58、60条的规定,部分社会噪声属于妨害社会管理秩序的违法行为,归公安机关处理。但这些规定可操作性并不强:一方面,老百姓普遍不知道,仍投诉到环保部门;另一方面,公安机关没有噪声测试设备,所以实践中这部分社会噪声仍由环保部门具体处理。由于噪声纠纷多具有即时性,被诉人容易在监测时减小音量导致监测结果不准。因此,环境监察人员一般要选取一定时间段内的数个时间点进行监测,以平均值判断噪声是否超标。

对水污染引起的纠纷,水样检测是确定污染状况的必要条件,相应的水样监测程序也最为严格。

对一般纠纷来说,通过现场调查与监测后环境监察人员将进行相应的处理:能当场解决的就当场解决,如娱乐、生活噪声污染一般能当场解决,燃烧蜂窝煤引起的大气纠纷在被诉人拆除炉具后也能及时解决;不能当场解决的纠纷,例如企业的生产性污染彻底解决往往需要一段时间,这时就要限定期限。纠纷处理过程中,投诉人与被诉人同时在场的情况不多,因为不少投诉人害怕被诉人打击报复,不愿透露其真实身份。但也有不少投诉人希望与被诉人"面对面"解决纠纷。当然在涉及赔偿的纠纷处理时,双方一定会见面。

纠纷处理之后的工作是回复投诉人,具体要求是"对有真名实姓的,必须回复;对要求有书面回复的,必须在5日内办结,不能办结的,经分管领导批准后方能延期"。② 有办结时间和回复形式限制的主要

---

① 资料来源:2007年7月22日对S县环保局环境监察大队工作组组长X和H的访谈记录。
② 资料来源:《S县环境监察大队2006年工作总结及2007年工作要点》。

是 S 县环保局的上级单位 C 市环保局和 S 县政府信访办转交的纠纷，其余纠纷处理情况的回复并没有时间和形式限制。在 H 县，政府信访办转来的投诉如果要求书面回复就书面回复，否则仅电话回复；通过市长热线转来的投诉，则一定要书面回复。① 环境监察人员一般是在完成现场调查处理后即以电话告知投诉人。正因为环境监察人员一般是在处理纠纷而非纠纷得到解决后回复投诉人，同时部分纠纷的彻底解决又需要一段时间，有投诉人便以为环境监察人员没有处理纠纷进而反复投诉，这是造成重复投诉的重要原因之一。

二、行政解决的具体方式

上文描述了环境监察大队解决纠纷的一般流程，考虑到环境纠纷行政解决机制缺乏像诉讼和仲裁那样严密的程序规制，探讨该机制的运行和特征只能通过分析环境监察人员具体运用的纠纷解决方式来进行。

1989 年《环境保护法》中规定污染受害者可就民事部分请求环保部门进行处理②，而 1992 年全国人大常委会法制工作委员会的《答复》将"处理"限定成调解处理。对于这一限定，有关学者指出，1992 年之前各级环保部门受理环境纠纷之后往往先尝试进行调解，无法调解成功的纠纷作出（行政裁决）处理决定。这样一来，全国人大常委会法制工作委员会的《答复》实际上限制了我国环境行政处理制度，使其逐渐萎缩为行政调解这一单一形式。③ 也有学者认为，在现实的环境纠纷处理实践中，各个环保部门基本采取的是行政调解方式。④笔者在 S 县

---

① 资料来源：2007 年 6 月 4 日对 H 县环保局环境监察大队大队长 R 的访谈记录。
② 2014 年修订的《环境保护法》删去了这一规定。
③ 参见王灿发：《中国环境纠纷及其处理的初步研究》，载王灿发主编：《环境纠纷处理的理论与实践——环境纠纷处理中日国家研讨会论文集》，中国政法大学出版社 2002 年版，第 13 页；齐树洁、林建文主编：《环境纠纷的解决机制研究》，厦门大学出版社 2005 年版，第 507 页。
④ 参见齐树洁、林建文主编：《环境纠纷的解决机制研究》，厦门大学出版社 2005 年版，第 87 页。

和 H 县的调研结果如图 3-2 和图 3-3 所示,尽管有相当比例的纠纷解决方式不明,在能够明确解决方式的这部分纠纷中,行政执法的解决方式占绝对多数,行政调解作为解决方式则极其少见。对 S 县和 H 县数位环境监察人员的访谈也印证了这一统计结果:在《答复》间接制止运用行政处理决定作为纠纷解决途径后,行政执法已经成为各级环保部门解决纠纷所使用的最重要的一种手段。

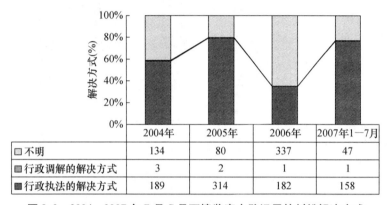

图 3-2 2004—2007 年 7 月 S 县环境监察大队运用的纠纷解决方式

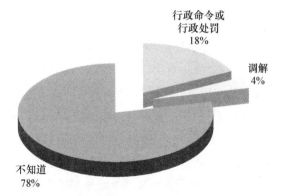

图 3-3 "投诉人是否知道 H 县环境监察大队采取了哪种纠纷解决方式"问卷结果

（一）行政执法的解决方式

行政执法作为一种纠纷解决方式包括四种具体形式:责令改正、

停止违法行为,限期整改、治理,限期搬迁和责令停产、停业。行政执法的解决方式涵盖了行政处罚和行政命令。其中,责令改正、停止违法行为,限期整改、治理都是环境行政命令的形式;责令停产、停业则属于环境行政处罚的范畴。①

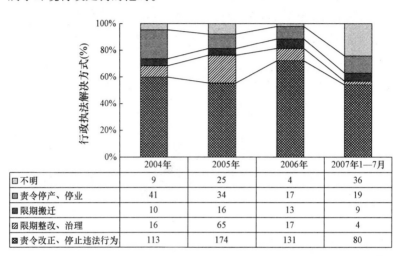

图3-4 2004—2007年7月S县环境监察大队运用的行政执法解决方式②

1. 责令改正、停止违法行为

根据图3-4所示,责令改正、停止违法行为是环境监察人员运用得最为频繁的一种行政执法形式,所占比例为60.31%。S县环境监察大队的《人民来访登记簿》中经常将此种解决方式表述为"要求改正或禁止(某种排污行为)",有时候甚至简单地记录成"打招呼,让其改正"。样本2、样本3摘抄的是环境监察人员对民众投诉最为频繁的大气和噪声纠纷的通常处理方法,即以责令改正、停止违法行为方式解决:对大气纠纷一般要求被诉人安装或维修油烟净化设备或改烧清洁

---

① 参见张梓太:《环境法律责任研究》,商务印书馆2004年版,第174—176页。
② 需要说明的是,之所以对行政执法的解决方式统计没有包括罚款,是考虑到单纯的罚款并不能直接制止污染进而解决纠纷。如果罚款和其他方式同时被运用,统计时就直接归入该种行政执法方式。就调研所见,行政解决中单一的罚款极少,一般都与责令改正、停止违法行为,限期整改、治理,限期搬迁或责令停产、停业配合使用。

能源;对噪声纠纷则要求被诉人调整生产、施工时间或安装隔音设施。与限期整改、治理或限期搬迁等方式不同,责令改正、停止违法行为通常仅是口头表达而不需要正式行文,其简便和快捷的特点从样本 2、样本 3 中纠纷"处理意见及结果"一栏的略式描述可以看出来。尽管形式灵活,责令改正、停止违法行为仍具有行政威慑力;这一方式不会很严厉,不容易引起当事人(尤其是污染者)的异议从而向法院提起行政复议或者行政诉讼。责令改正、停止违法行为这一纠纷解决方式的大量运用很可能与 S 县人民法院 2004 年至 2007 年 7 月没有受理过一起环境行政复议或环境行政诉讼案件不无关系。但在制止污染和彻底解决纠纷方面,责令改正、停止违法行为很可能不如其他方式有力度。

样本 2　以责令改正、停止违法行为方式处理的大气纠纷①

人民来访登记簿								
来访人姓名	杨某某	性别	男	政治面貌		接待时间		2006 年 3 月 15 日
所在单位或住址						接待人		
事由								
来访反映情况: D 镇"××大王"(东明公寓内,租房作坊在三楼),烟囱油烟污染(偷烧蜂窝煤),望尽快解决。 徐某(S 县环保局环境监察人员——笔者注) 3 月 15 日								
处理意见及结果	已要求该餐馆对油烟净化设备进行维修,改烧清洁能源。							

---

①　资料来源:样本 2—9、11 和 12 均摘自 2006 年 S 县环境监察大队记录投诉的《人民来访登记簿》。

样本 3　以责令改正、停止违法行为方式处理的噪声纠纷

人民来访登记簿							
来访人姓名	刘某某	性别	男	政治面貌		接待时间	2006年1月17日
所在单位或住址			D镇接待一社			接待人	钟某
事由			噪声				
来访反映情况： 反映××消防材料厂噪声及振动影响隔壁群众生活,早上5点开始生产,晚上有时通宵,持续不断影响居民生活,家里有学生考试影响休息。已向厂里反映过,但无结果。请尽快处理(上个月已来反映过)。 反映人电话:132×××××98							
处理意见及结果			已要求该厂夜间禁止生产。				

2. 限期整改、治理

在实际运用中,限期整改、治理约占所有行政执法解决方式的10.3%;程序复杂是导致限期整改、治理较少运用的主要原因。限期治理是对污染危害严重,群众反映强烈的污染区域采取的限定治理时间、治理内容及治理效果的强制性行政措施。中央或者省、自治区、直辖市人民政府直接管辖的企事业单位的限期治理,由省、自治区、直辖市人民政府决定。市、县或者市、县以下人民政府管辖的企事业单位的限期治理,由市、县人民政府决定。被限期治理的企事业单位必须如期完成治理任务。① 限期治理必须符合相应的适用条件,且只能由一级政府作出限期治理决定。在S县是由县政府通过委托执法授权给县环保局,也就是说有权作出限期治理决定的是环保局而非环保局下属的环境监察大队。环境监察人员如果欲对污染者作出限期治理

---

① 参见《环境污染纠纷实用法律手册》,中国法制出版社2008年版,第63页。

的决定,需要先后上报环境监察大队和环保局领导,获相关领导批准后,以环保局的名义正式发文。① 限期治理具有严格的适用条件和繁琐的报批程序,因此环境监察人员通常不愿采用这一方式。限期整改与限期治理相比,适用条件相对宽松;与责令改正、停止违法行为相比,由于需要签发下达正式的《整改通知书》,则显得较为复杂。(参见样本4、样本5)。

样本4 以限期整改方式处理的纠纷

人民来访登记簿							
来访人姓名	沈先生	性别	男	政治面貌		接待时间	2006年3月31日
所在单位或住址						接待人	
事由							
来访反映情况: 反映××生物制药厂废水影响周围居民生产,群众围攻村委会(3月30日)Z镇C村。 贺某某(S县环保局监察人员——笔者注) 3月31日							
处理意见及结果	已和Z镇政府相关人员前往调查处理,现已下达整改通知书,要求对污水治理设施进行整改,需将整改结果上报环保局经检查合格后才可恢复生产。						

---

① 需要说明的是,2014年修订的《环境保护法》第60条不再使用"限期治理"这一提法,代之以"限制生产、停产整治"的用语,并将有权作出限制生产、停产整治决定的权力下放至县级以上人民政府环境保护主管部门。

样本 5　以限期治理方式处理的纠纷

人民来访登记簿								
来访人姓名	陈女士	性别	女	政治面貌		接待时间	2004年2月21日	
所在单位或住址				弘民新城		接待人		
事由	烟尘							
来访反映情况： 长治路××轧辊厂（即A公司——笔者注）粉尘、烟尘污染严重,特别夜间排放较为严重。 　　　　　　　　　　　　　　李某某(S县环保局监察人员——笔者注)								
处理意见及结果	政府协调解决,要求××轧辊厂限期治理。							

3. 限期搬迁

限期搬迁在所有行政执法解决方式中所占比例最小（仅占5.9%）。污染者的搬迁不仅需要一级政府作出决定程序相对复杂,而且要求污染者选择新址由此给污染者的生产经营带来不便,这在大中型企业作为污染者的情况下表现得尤其突出。从作出限期搬迁的决定到污染者正式搬迁通常需要较长的时间,于是纠纷得到彻底解决往往也需要较长的时间,这就要求纠纷解决者慎重采用限期搬迁这一方式(参见样本6、样本7)。如图3-4所示,2004年至2007年7月以来S县政府通过采用限期搬迁而解决的环境纠纷不到50起。

样本6 以限期搬迁方式处理的纠纷

人民来访登记簿								
来访人姓名	D镇陈先生	性别	男	政治面貌		接待时间	2004年5月28日	
所在单位或住址						接待人		
事由	粉尘							
来访反映情况： ××粉末厂的粉尘（影响）周围群众的正常生活。								
处理意见及结果：	限期搬迁，县政府要求D镇政府尽快落实土地，进行搬迁。							

样本7 以限期搬迁方式处理的纠纷

人民来访登记簿								
来访人姓名		性别		政治面貌		接待时间	2006年3月10日	
所在单位或住址						接待人		
事由								
来访反映情况： S县D镇长治路二段××轧辊厂（即A公司——笔者注）烟囱、粉尘、噪声污染广大群众，给住户带来不便。亟待解决！								
处理意见及结果	政府已责令××轧辊厂限期（2006年5月1日）搬迁，目前该厂正在做搬迁准备，已将此结果告知了投诉人。							

4. 责令停产、停业

责令停产(样本8、样本10责令停产通知)、停业方式(样本9)约占所有行政执法解决方式的13.68%。根据1989年《环境保护法》第36条和第39条的规定,环保部门可以在两种情况下采用责令(污染者)停产、停业的决定:一是(建设)项目的污染防治设施没有兴建或未能达到相应要求而投入生产、使用的;二是被要求限期治理而逾期没能完成任务的企业、事业单位。① 比之其他行政执法解决方式,责令停产、停业对污染者权益的影响较为明显,是一种相对严厉的行政处罚方式。

样本8　以责令停产方式处理的纠纷

人民来访登记簿							
来访人姓名	陈某某	性别	男	政治面貌		接待时间	2006年2月15日
所在单位或住址						接待人	
事由							
来访反映情况: S县X镇L村一队一家化工厂烟囱废气污染严重,臭气熏天。周围群众反映很强烈,尤其是早晚间问题更为突出。另外,其废水未经处理排出,急需解决。 化工厂老板姓名:谭某某 　　　　　　　　　　　　　　贺某某(S县环保局监察人员——笔者注) 　　　　　　　　　　　　　　　　　　2月15日							
处理意见及结果	已调查,进入处理程序,现已责令停产。						

---

① 此处有必要解释的是,根据2014年修订的《环境保护法》第60条的规定,责令停产适用于企业事业单位和其他生产经营者超过污染物排放标准或者超过重点污染物排放总量控制指标排放污染物的情形,情节严重的,还可责令停业。

样本 9　以责令停业方式处理的纠纷

人民来访登记簿							
来访人姓名	Y村村民	性别		政治面貌		接待时间	2004年2月27日
所在单位或住址						接待人	
事由							
来访反映情况： 反映××电镀厂废水污染严重，影响周围群众。							
处理意见及结果	电镀厂已由县政府关闭。						

样本 10　责令停产通知[①]

H 县环境保护局
关于李某某机制木炭加工作坊
停产的通知
H 环〔2006〕35 号

李某某机制木炭加工作坊：

　　根据群众举报并经我局核实，你厂在无任何手续的情况下在××收费站旁原××食品厂内进行机制木炭的生产，在生产过程中所产生

---

① 资料来源：H 县环保局内部文件《H 县环境保护局关于李某某机制木炭加工作坊停产的通知》（H 环〔2006〕35 号）。

的烟尘严重影响了周围群众的日常生产生活,群众意见反应强烈。你厂的行为严重违反了环境保护法律、法规的有关规定,现对你厂作出如下通知:

一、从发文之日起立即停止生产,不得以任何理由再擅自恢复生产。

二、停止生产后,拆除现有生产设备,另行选址并办理生产相关手续,待取得合法手续后方可开工建设。

三、若未按本通知实施停产或办理相关手续仍继续生产的,我局将报请县政府依法予以强制关闭并追究相应的法律责任。

特此通知

二〇〇六年六月二十一日

5. 影响各种行政执法解决方式运用的因素

上述行政执法解决方式可以归为两类:行政命令和行政处罚。其中,行政命令包括责令改正、停止违法行为,限期整改、治理和限期搬迁三种方式;行政处罚则主要包括责令停产、停业。通过进一步的分类统计(见图3-5)和访谈发现,在两类(四种)行政执法解决方式的运用中,行政命令和行政处罚分别占76.51%和13.68%(另有9.81%由于缺乏相关卷宗记录而无法判断其使用的解决方式)。

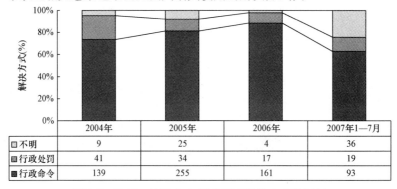

图3-5 2004—2007年7月S县环境监察大队运用行政执法解决方式的类型

环境监察人员在解决纠纷中大量采用行政命令(76.51%)而很少采用行政处罚(13.68%),主要受限于行政处罚严格的适用条件:首先,被诉人(污染者)的行为必须具有行政违法性。① 实践中,由于违反环境标准而具有行政违法性所引起的环境投诉所占比例有限,很多产生的纠纷并不涉及环境污染超标排放②,也就是说,只有污染者违反环境标准时才具备行政处罚的适用基础,对未涉及环境污染超标排放的污染者滥施处罚容易引起行政复议或者行政诉讼。其次,对被诉人的行政违法行为还必须有明确的法律规制。如果缺乏相应的法律依据,即使被诉人行为违反环境标准具有行政违法性,也不能对其进行处罚。已有的环境法体系未能很好应对出现的环境污染问题,表现为规制滞后,可操作性较低,对不少违反环境标准具有行政违法性的行为并没有制定相应或适当的处罚措施。这时,适用条件较宽松和严厉程度较低的行政命令(解决方式)就成为一种替代行政处罚的较好选择。

(二)行政调解的解决方式

行政调解,是指行政机关或其所设立的纠纷解决机构人员对于当事人之间的纠纷所进行的调解活动。③ 环境纠纷的行政调解是专门性

---

① 行为违法性是否是被诉人承担环境侵权民事责任的必要条件,我国的相关立法尚存在冲突。《中华人民共和国民法通则》第124条规定:"违反国家保护环境防止污染的规定,污染环境造成他人损害的,应当依法承担民事责任。"被诉人承担环境侵权民事责任的前提条件不光是有污染行为,还必须具有违法性。但1989年《环境保护法》第41条第1款却规定:"造成环境污染危害的,有责任排除危害,并对直接受到损害的单位或者个人赔偿损失。"根据此条规定,被诉人承担民事责任的前提仅仅是造成污染危害,而各单行的环境污染防治法也都作了与《环境保护法》相似的规定。《中华人民共和国民法通则》与1989年《环境保护法》及各单行的环境污染防治法的不同规定,反映了我国相关立法在环境侵权民事责任"违法性"要件问题上存在的矛盾。参见张梓太:《环境民事纠纷处理制度障碍分析》,载张梓太主编:《环境纠纷处理前沿问题研究——中日韩学者谈》,清华大学出版社2007年版,第1页。
② 参见齐树洁、林建文主编:《环境纠纷的解决机制研究》,厦门大学出版社2005年版,第91—93页。
③ 参见范愉:《纠纷解决的理论与实践》,清华大学出版社2007年版,第263页。

和常设性的,由一般的行政官员担任,与日常行政管理活动结合在一起的随机处理,带有较高指导性、评价性和权威性。① 实践中环境监察人员往往称之为"协调"。如图3-2 和图3-3 所示,行政调解作为一种纠纷解决方式在实践中极少为 S 县和 H 县环境监察大队采用。当然,很少用并不等于完全不用,那么,行政调解在什么情况下被运用,又是如何运用的呢?

1. 调解开启

投诉人和被诉人都有可能提出调解请求;而仅有被诉人单方提出请求时,环境监察人员一般不会同意调解。环境监察人员拥有开启行政调解程序的决定权,在棘手、难以解决的环境纠纷中会考虑开启行政调解。关于棘手、难以解决的环境纠纷,L. Gray 和 M. Elliott 在《理解棘手的环境冲突:框架和案例》一书中对其作了较为深入的分析。他们认为,棘手的环境冲突的典型特征是(外界)反复和不成功的介入。不成功的介入原因之一是许多介入比如协商和调解经常导致僵局,或者在诉讼中,法院仅仅能解决部分问题,这反而导致意想不到的后果和事态的扩大。原因之二是达成协议的各方或其他纠纷当事人对协议或决定提出异议,使得协议无法稳定地执行。原因之三是假想中解决纠纷的成本过高,远超过假想中纠纷继续的成本。他们进而提出了衡量棘手环境纠纷的四个维度:分歧、激烈度、普遍性和复杂性。关于棘手纠纷的起源,从当事人的角度,是弥散的、没有很好组织起来的当事人,松散的集体成员,缺乏结构性的作用和使命;从争议问题来看,是双方不同意,基本价值观的分歧;从宏观的社会系统角度,原因可能是含糊不清,错误界定的结构,程序的不确定性,以及清晰权威的缺乏;从微观的纠纷过程来看,事态扩大,当事人、争议和费用的增加,极端化和隔绝,螺旋状的纠纷都可以是棘手的起源。② 有学者甚至认

---

① 参见范愉:《纠纷解决的理论与实践》,清华大学出版社2007年版,第263页。
② R. J. Lewicki, B. Gray, and M. Elliott, op. cit., pp.38-45.

为,棘手的纠纷在社会中越来越普遍。①

棘手、难以解决的环境纠纷在实践中具体表现为以下几种情形:一是仪器监测证实被诉人并未超标排污的单纯民事纠纷。这时环境监察人员只能通过调解而非动用行政执法权来解决环境纠纷。例如样本11展现的这起纠纷,据当时前去处理的环境监察人员介绍,噪声监测仪多次监测测得该店噪声并未超标,但投诉人坚持认为影响了孩子的正常学习生活,被诉人也据理力争,认为夜晚不可能不开门做生意。在这种情况下,环境监察人员只好给双方"做工作",一方面让店主劝告消费者,请他们小声些,另一方面也要投诉人多加体谅。② 二是情况复杂的选址问题型纠纷。在实践中,有两种典型的复杂情况:受害者人数较多且情绪较激动("群情激愤");污染者实力雄厚(如当地经济发展的支柱/龙头企业)。③ 在任一情况下如仅采用简单的行政执法都可能激化双方矛盾,不利于环境纠纷的解决。例如样本12中的养鸭场废水污染,波及范围广,受害人甚至打算集体上访,这种对地方来说危及社会稳定的群体性事件就必须在处理污染的同时,对受害人进行安抚。三是具备明显违法性且已有行政命令或行政处罚决定的纠纷。实践中整改、治理或搬迁需要一定时间,部分受害者认为纠纷没有如愿及时解决,进而反复投诉或告诸媒体从而发泄不满,这时也需要调解。在第二、三种情形下,对纠纷的调解通常只是行政执法的辅助方式,其所具有的疏导和平复受害者不满情绪的形式功用往往大于其实质性的纠纷解决意义。S县环境监察人员通常在同时具有后两种情形的环境纠纷中采用行政调解(如下文即将介绍的A公司污染纠纷案)。

---

① D. G. Pruitt and P. V. Olczak, "Beyond Hope: Approaches to Resolving Seemingly Intractable Conflict," in *Conflict, Cooperation and Justice: Essays Inspired by the Work of Morton Deutsch*, B. Benedict and J. Z. Rubin ed. San Francisco: Jossey-Bass Publishes, 1995, pp. 59-92.

② 资料来源:2007年7月22日对S县环保局环境监察大队工作组组长H的访谈记录。

③ 力量不对等本来就是纠纷解决的阻碍因素之一。在棘手的纠纷中,这一因素表现得愈加明显。当有可能威胁到当事人之间的关系权力(Relational Power)时,对控制权的争斗就会出现。更有权力的当事人通常通过对接近资源的控制来维持他们的权力基础。参见 R. J. Lewicki, B. Gray, and M. Elliott, op. cit., p.44.

样本 11 以行政调解方式处理的纠纷

人民来访登记簿								
来访人姓名	陈某某	性别	女	政治面貌		接待时间	2006年5月24日	
所在单位或住址						接待人		
事由								
来访反映情况： 湖西路二段"××小区"对面的"×××串串香"噪声扰民，影响居民生活，特别是中、高考期间对孩子影响较大。								
处理意见及结果	已要求该店做好消费者工作，减少噪声污染。							

样本 12 以行政调解方式处理的纠纷

人民来访登记簿								
来访人姓名	H村罗某某	性别		政治面貌		接待时间	2006年3月4日	
所在单位或住址						接待人		
事由				养殖水污染				
来访反映情况： 反映Z镇Y村的一家占地70—80亩养鸭场选址有问题，废水污染十分严重，涉及H镇下游300亩农田和养鱼塘，影响Z镇多个村庄的农民灌溉用水。农民有集体上访趋势。								
处理意见及结果	已通知Z镇环保员雷某进行协调处理。							

2. 调解进行

关于环境纠纷解决的调解程序,仅有原国家环保总局颁布的《环境监理工作程序(试行)》(已失效)第 11 条第 3 款作了简单规定:① 召开当事人参加的协调会;② 制作会议纪要;③ 制发《环境污染纠纷处理意见书》;④ 书写处理结果报告并上报。[①] H 县环保局颁行的内部规章《环境纠纷调查处理程序》第 4 条规定,如果双方当事人都愿意接受调解,召开当事人参加的协调会,做好会议纪要,制发《环境污染纠纷调解协议书》,盖章后送双方当事人。调解过程中,当事人一方向法院起诉,调解处理终止,调解不成的,告知当事人可采取民事诉讼途径解决。

调研发现,实践中环境监察人员从便利出发通常把双方当事人召集在一起召开协调会进行纠纷调解。协调内容随纠纷情形而有所变化:如果是第一种情形,即单纯民事纠纷,环境监察人员通常让双方当事人各退一步,如果当事人(尤其是投诉人)不同意就不再调解而直接告知投诉人可向法院起诉;如果是第二、三种情形,即情况复杂的选址问题型纠纷或具有明显违法性且需要一定时间才能解决的纠纷,环境监察人员则劝服、安抚当事人(主要是投诉人)的情绪从而促成纠纷解决。在协调中若投诉人提出经济赔偿或补偿,环境监察人员通常不会介入,他们的理由是,"投诉人觉得我们帮被诉人,被诉人觉得我们帮投诉人,两头不讨好,钱的问题还是让双方自行协商的好"。[②] 环境监察人员的主要顾虑是一旦介入经济赔偿或补偿,其在当事人心目中的公正地位将难以维持。这其实与设置行政调解制度的初衷背道而驰:根据全国人大常委会法工委的解释,调解主要就是针对赔偿责任和赔偿金额的调解。[③] 调解程序最后,环境监察人员一般是以口头形式直

[①] 原国家环保总局 1996 年颁布的《环境监理工作程序(试行)》已被 2012 年环保部颁布的《环境监察办法》废止,但新的《环境监察办法》中并没有涉及环境纠纷行政调解程序的规定。

[②] 资料来源:2007 年 7 月 21 日对 S 县环保局环境监察大队工作人员 C 的访谈记录;2007 年 7 月 22 日对 S 县环保局环境监察大队工作组组长 X 和 H 的访谈记录。

[③] 参见马骧聪主编:《环境资源法》,北京师范大学出版社 1999 年版,第 350 页。

接宣布纠纷解决(调解)的结果,并没有书面的协议。无论出于省事,还是考虑到调解协议不具强制执行力,最后环节的形式都已不太重要。据 H 县环境监察大队 R 大队长介绍,他所主持的调解都是口头进行的。当然如果投诉人要求,也可以出具书面调解书,但到 2007 年 6 月为止他从未出具过调解书。①

(三) 影响纠纷解决方式运用的因素

在行政法理论上,依职权行政行为,是指依据行政机关所具有的法定行政权,不需要行政相对人的申请即可作出的行政行为。② 行政命令和行政处罚均属依职权行政行为。二者是行政法律关系中行政机关对行政相对人作出的行政处理决定,不应作为行政机关解决民事纠纷的方式。那么在环境监察大队解决纠纷的实践中,作为行政执法解决方式的行政命令和行政处罚为什么会大行其道而行政调解却日渐式微呢？有学者认为是行政调解定位不明,并非强制行政程序,且往往是信访部门兼管调解工作,造成部分案件不能深入调解,草草结案。③ 从笔者的调查来看,上述论断过于简单化。经过考察,影响各种纠纷解决方式运用的可能因素包括以下几点。

一是纠纷性质。如果纠纷是纯粹的民事性质即引起纠纷的排污行为完全符合排污标准,则只能以行政调解方式解决。换言之,只有在环境纠纷具有行政违法性时,环境监察人员才可能动用以行政权为后盾的行政命令和行政处罚解决纠纷。实践中,只有极少量纠纷经过严格的仪器监测,因此被诉人排污行为的违法性往往含混不清,这为行政执法解决方式的大量适用奠定了基础。

二是受害者诉求。受害者的诉求同样影响到纠纷解决方式的选

---

① 资料来源:2007 年 6 月 4 日对 H 县环保局环境监察大队大队长 R 的访谈记录。
② 参见姜明安主编:《行政法与行政诉讼法》,北京大学出版社、高等教育出版社 1999 年版,第 206 页。
③ 参见朱娟:《环保 NGO 参与环境纠纷协调解决机制的探讨——以 815 户居民与铁鹰钢铁有限公司环境污染纠纷案为例》,载李恒远、常纪文主编:《中国环境法治》(2008 年卷),法律出版社 2009 年版,第 212 页。

择：如果受害者明确提出了经济赔(补)偿要求，那么围绕赔(补)偿金额的调解不可或缺，压制性的行政执法解决方式无法妥善解决赔(补)偿问题；反之如果受害者诉求模糊，只要求制止污染而并未提出赔(补)偿，行政执法的解决方式便足以应对，且其对分清责任、制止污染更为有力。调研发现，S县、H县绝大多数受害者的诉求只涉及减少或制止污染而无关经济赔(补)偿，这是环境监察人员能够较多运用行政执法解决方式的客观条件。

三是工作量。S县环保局没有设立专门处理环境纠纷的机构，而是由环境监察大队在从事环境行政执法等工作外附带承担纠纷解决职能。根据《环境监察办法》第6条的规定，环境监察机构的主要职责包括：①监督环境保护法律、法规、规章和其他规范性文件的执行；②现场监督检查污染源的污染物排放情况、污染防治设施运行情况、环境保护行政许可执行情况、建设项目环境保护法律、法规的执行情况等；③现场监督检查自然保护区、畜禽养殖污染防治等生态和农村环境保护法律、法规执行情况；④具体负责排放污染物申报登记、排污费核定和征收；⑤查处环境违法行为；⑥查办、转办、督办对环境污染和生态破坏的投诉、举报，并按照环境保护主管部门确定的职责分工，具体负责环境污染和生态破坏纠纷的调解处理；⑦参与突发环境事件的应急处置；⑧对严重污染环境和破坏生态问题进行督查；⑨依照职责，具体负责环境稽查工作；⑩法律、法规、规章和规范性文件规定的其他职责。同时，纠纷解决所占工作量并不小。H县环境监察大队大队长R估计环境纠纷的处理工作占到其工作总量的30%左右。[1] 繁重工作职责和有限工作时间的冲突使环境监察人员倾向选择简单、快捷、执行力强的纠纷解决方式。与行政调解相比，在纠纷解决程序上，由于行政命令和处罚决定可直接向被诉人作出，环境监察人员无须召集纠纷双方同时到场，无须在当事人之间调解，节省了纠纷解决时间；在纠纷解决结果上，行政命令和处罚决定具有强制执行力，因而对被

---

[1] 资料来源：2007年6月4日对H县环保局环境监察大队大队长R的访谈记录。

诉人的威慑力更强,执行效果更好,行政调解达成的调解协议则不具有强制执行力,当事人如果反悔只能向法院起诉。因此,环境监察人员更愿意运用行政执法的解决方式。

四是工作重心。从工作重心来看,如果环境监察大队定位于纠纷解决,环境监察人员会更多考虑纠纷解决程序、方式等多种因素对纠纷解决效果的影响,那么,环境监察人员将更重视行政调解的作用;若定位于环境行政工作,纠纷解决就很可能沦为行政执法的"附庸",可想而知,环境监察人员必将倾向于直接以行政执法的行政命令或处罚方式附带解决纠纷。S县环境监察大队的职责定位从"排污收费"转向"行政执法",纠纷解决从未成为监察大队或之前监理大队的工作重心。原S县环境监理大队以征收排污费为工作重点,是名副其实的"收费大队"。2003年环境监察大队成立后,力图尽快实现从"收费大队"到"执法大队"的转变,在规范环境监管和排污收费的同时强化环境执法,把工作重心从征收排污费逐渐转移到环境行政执法上。[1] 有S县环境监察人员甚至抱怨纠纷解决耗费了他们大量时间和精力,影响了现场监管、排污收费等工作。[2] 可见,工作重心也是影响纠纷解决方式选用的重要因素。

三、群体性纠纷的解决方式和策略

(一) 解决方式:行政执法与行政调解并用

调研发现,针对一般环境纠纷,受纠纷性质、受害者诉求、纠纷处理者工作量与工作重心诸多因素的制约,环境监察人员主要采取行政执法的方式(包括责令改正、停止违法行为,限期整改、治理,限期搬迁

---

[1] 资料来源:《S县环境监察大队2006年上半年工作总结及下半年工作要点》(S环监察〔2006〕2号)。

[2] 资料来源:2007年7月22日对S县环保局环境监察大队工作组组长H的访谈记录。

和责令停产、停业等）处理纠纷，而很少采用行政调解。但在环境群体性纠纷中，受害者一方人数众多，众多受害者和污染者冲突的剧烈程度远远超过单个受害者的环境纠纷，如果单单采用命令式的行政手段可能激化双方矛盾，不利于纠纷的平稳化解甚至可能影响社会稳定。故而对环境群体性纠纷的处理，环境监察人员通常是在以行政执法方式制止污染的同时，采用行政调解方式对纠纷当事人特别是受害者施以安抚。下面以S县发生的一起影响较大的环境群体性纠纷——A公司污染纠纷为样本，描述环保部门解决环境群体性纠纷的方式和策略。

A公司污染纠纷简介：A股份有限公司创建于20世纪80年代初，主要从事冶金备品配件定点生产，是西部地区轧辊行业商品轧辊规模最大、实力最强的企业之一，现有员工400余人，总资产3亿元。以2006年为例，当年公司产值达1.16亿元，销售收入过亿元，利税1000多万元，入库税收800多万元。A公司原厂址位于S县中心城镇D镇长治路，周边是人口密集的居民区和D镇小学，特别是×××小区与A公司仅有一墙之隔。只要A公司进行轧辊生产加工，烟囱排放的含硫烟气和加热炉产生的烟尘就会污染到周边居民和师生的生活学习环境。作为受害者代表的×××小区住户——近1800户甘孜州离退休干部从2002年入住新建成的×××小区开始忍受污染，约在2003年年初开始向S县环保局投诉。

对A公司污染纠纷中受害者代表、×××小区业主委员会主任P的访谈摘录①：

问：你们向S县环保局反映A公司污染后，他们有什么回应？

P：我们投诉了很多次，环保局基本上是派人来要求A公司改正，然后罚款，少则几百元，多则上千、上万元，我看环保局最擅长

---

① 资料来源：2011年12月14日对A公司污染纠纷中受害者代表、×××小区业主委员会主任P的访谈记录。

的就是收钱。环保局来得比较频繁时,A 公司白天就不排污,晚上偷偷排。我们看环保局没用,就开始想别的办法。

问:你们想的什么办法?

P:我们写信给县长、县委书记、市长、市委书记,还亲自上门找过 S 县和 C 市信访部门。然后听说县政府拨了 20 万元给 A 公司治理污染。但 A 公司不承认,说从来没有收到过这笔钱,没钱治理污染。我们问过环保局,他们也不明确回应。

……

问:那接下来你们又怎么办?

P:我们实在没办法,就发动我们小区的住户联名上书给 S 省省政府和国务院,周围小区的住户、D 镇小学的老师和学生家长知道了,也积极加入进来。我们还联系了在省、中央工作的甘孜州干部,给他们反映这个事。……2005 年环保局来人给我们看县政府决定搬迁 A 公司的文件,让我们不要再闹,说这事儿很快就要解决了。

问:那这事儿很快解决了吗?

P:光一纸文件有啥实质作用,A 公司就是不搬,政府部门之间互相踢皮球。我们只好又去找了环保局和县信访办好多次,打听 A 公司到底什么时候能搬走。环保局随后出面把我们和 A 公司的人叫到一起开会,我们说 A 公司必须尽快搬,污染对我们身体健康影响太大,A 公司说他们搬迁有这样那样困难,然后环保局的人各打五十大板,叫我们相信政府,耐心等待,也叫 A 公司要重视,抓紧搬迁。这三家在一起开会都有十来次。2006 年 A 公司新厂址开始动工,我们总算看到希望。新厂建设期间环保局还派车来接我们去新厂看过,环保局的人还是不错的,陪我们四处看看新厂的建设进度。2007 年新厂建好 A 公司搬走后,我们才算清净。

对全程参与 A 公司污染纠纷处理的 S 县环保局环境监察人

员 X 的访谈摘录①：

问：你们接到×××小区住户的信访请求后是怎么处理的？

X：我们接到投诉到现场，监测发现排污严重超标。我们就发通知，让他们整改。

问：整改解决了污染问题吗？

X：没有解决，但我们也没办法。其实 A 公司这个污染，还不是投钱安装污染治理设备的问题，而是选址有问题。安装再好的设备，离周围的居民区太近了，污染还是要超标。但搬迁这个事不是我们能做主的。

问：那×××小区住户和周边居民反复投诉你们怎么办？

X：我们只有反复让他们整改。我们要求他们改，他们就做下表面功夫，这两天又减少排污，过几天又照常排污，看准了我们没法天天去检查。后来×××小区住户闹到 C 市去，县政府就拨了些钱给 A 公司，我们又下达了限期治理的通知（参见前文样本 5 的记载——笔者注），但效果还是不好。

问：你们这些解决污染的措施、处理过程等会告诉投诉人吗？

X：按照环保局的内部规定，我们只需要通知投诉人处理的结果，具体的手段、过程这些没必要讲。

问：我们看到文件，2005 年 4 月 S 县政府常务会议正式作出决定对 A 公司进行搬迁，这一决定是怎么作出来的？

X：……县政府通盘考虑后作出的决定。

问：县政府作出搬迁决定后，这个纠纷就解决了吗？

X：远远没有。从下达搬迁命令到 A 公司正式搬迁经过快两年的时间，这期间×××小区住户还是投诉不断（参见前文样本 7 的记载——笔者注）。A 公司也有意见，搬迁损失很大，县政府为安抚他们还给了不少优惠。

问：那这期间怎么办？

---

① 资料来源：2012 年 7 月 4 日对 S 县环保局环境监察人员 X 的访谈记录。

X：我们就作住户工作。这个案子我们先后协调了十多次，双方都在场、比较正式的座谈会都开了三次。×××小区住户非常多，选出来五六个代表，情绪激烈，个个都要发言，发言又比较长，住户代表发言完，A公司代表就介绍他们的选址、搬迁准备和进度。双方发言后再由我们调和双方意见，一方面安抚住户情绪，另一方面督促A公司抓紧搬迁。每次都要花两三个小时，才能把两边安抚下来。2006年10月，我们还专门邀请住户代表在A公司负责人陪同下参观新厂区的建设。应该说这些协调还是比较成功的，住户走时看到了解决问题的希望。

在A公司污染纠纷中，环保局环境监察人员运用的纠纷解决方式经历了从行政执法到行政执法与调解并用的变化，在行政执法方式的具体使用上经历了从治理污染力度较小的责令改正、力度稍大的限期治理到最为严厉的限期搬迁的变化，这些方式的变化直接与受害者的抗争力度呈正相关：当投诉的受害者人数较少且只向环保局投诉时，环境监察人员直接采用责令改正这种形式灵活、不严厉的方式；当受害者人数增加，重复投诉且信访范围已超出S县时，环境监察人员在其权限范围内动用了治理污染力度更大的限期治理方式；当限期治理因为选址问题效果不佳、受害者人数进一步扩大并向省政府等联名上书时，地方政府直接作出限期搬迁这一通常情况下最为严厉、慎重的决定。当然，限期搬迁决定的作出并不意味着纠纷解决的终结，从访谈中可以发现，此时当事人双方的对立情绪发展到顶点，受害者因为经历了漫长的信访过程，等来一纸决定却无法落实，可以说是群情激愤；而污染者A公司规模较大，经济实力雄厚，是当地经济发展的支柱和龙头产业之一，搬迁对其生产经营造成诸多不便，也是怨声载道。故而此时，一方面，环境监察人员的纠纷解决方式从刚性的行政执法转为柔性的调解，反复给受害者做工作，把双方召集到一起协调，疏导受害者的不满情绪；另一方面，在县政府安排下给A公司的搬迁提供了诸多便利以及税收等方面的优惠，平息其不满。双管齐下，使A公司污染引发的群体性纠纷得到比较圆满的解决。

(二) 解决策略：从压制到妥协

有学者指出,当下环境群体性纠纷的解决正陷入"不闹不解决,小闹小解决,大闹大解决"的中国式循环。① 根据上文对 A 公司污染纠纷处理解决的分析,发现其同样暗合这一行动逻辑,接下来就本案中环保局及县政府的纠纷解决策略展开进一步分析。

对 A 公司污染纠纷中受害者代表、×××小区住户 B 的访谈摘录②：

问：在整个上访过程中,除了你们小区住户外还有其他人参加吗？

B：当然有周围小区住户参加,还有 D 镇小学的老师和学生家长,但只有我们闹得最凶。

问：为什么只有你们闹得最凶？

B：因为我们是外来人员,我们好多都是县团级以上的老干部、老革命,又不是拿 S 县的退休工资生活,我们不怕。……我们小区约 2 000 户基本上参加了联名上书,而隔壁 D 镇小学的很多老师本来说好要参加,结果被上头警告,大多数人最后就没敢在联名信上签名。

……

问：你觉得这起纠纷为什么这么长时间才得到解决？

B：政府只注重经济不重视环境保护……S 县经济发展得很好,算是 C 市甚至 S 省的一个门面,现在都经常有各地领导来视察,别的县、市来学习经验。但我们天天住在这里,忍受污染,确实太难受了。

---

① 参见冯洁、汪韬：《"开窗"求解环境群体性事件》,载《南方周末》(http://www.infzm.com/content/83316),访问日期：2014 年 11 月 14 日。
② 资料来源：2012 年 1 月 10 日对 A 公司污染纠纷中受害者代表、×××小区住户 B 的访谈记录。

对 A 公司污染纠纷中受害者代表、×××小区业主委员会主任 P 的访谈摘录①：

问：在整个信访过程中，你们有没有受到外部压力？

P：其实现在回想起来当时的环境还算是宽松，尽管在这个过程中我们还是遭到了一些阻挠。……

对全程参与 A 公司污染纠纷处理的环保局副局长 W 的访谈摘录②：

问：A 公司污染纠纷的处理经过了从整改、限期治理到搬迁的变化，是出于什么考虑？

W：这个事情，虽然从头到尾是我们出面和×××小区住户、A 公司交涉，但说实在话我们（环保局）做不了主。整改和限期治理决定是我们下达的，但拿主意的也不是我们。搬迁就更不用说了，按法律规定本就应该由一级政府作出决定。

问：拿主意的是谁？

W：县政府。A 公司是我们县的缴税大户，利益牵扯较多，它污染问题的解决不是我们环保局说了算。

根据冲突理论，在任何社会冲突之中，冲突的范围本身即是一个斗争的筹码。弱者希望将冲突的范围扩大，以引进外力，或是说服旁观者加入战局；而强者则希望将冲突的范围降低，以运用其既有的优势力量。③ 在即便受害者为群体的环境纠纷中，受害者在经济、政治地位上仍处于弱势，是一种"非正规的利益集团"，因其几乎没有政治、经济资源来支撑他们连续不断的利益表达，通常只能以不满或抗议的形式表达自己的利益，甚至需要采取暴力或激进的手段来使人们听到他们的呼声，引起决策机构的注意。④ 这就决定了受害者会倾向于扩大

---

① 资料来源：2011 年 12 月 14 日对 A 公司污染纠纷中受害者代表、×××小区业主委员会主任 P 的访谈记录。

② 资料来源：2012 年 7 月 4 日对 S 县环保局副局长 W 的访谈记录。

③ 参见何明修：《冲突的制度化？公害纠纷处理法与环境抗争》，载《教育与社会研究》2002 年第 3 期。

④ 参见〔美〕阿尔蒙德：《比较政治学：体系、过程和政策》，曹沛霖等译，上海译文出版社 1987 年版，第 202 页。

冲突的范围即扩大纠纷的社会影响以增加自己与污染者抗衡的资本,如本案中受害者大规模联名上书等。与此相反的是,污染者和部分地方政府都希望控制受害者进而消弭事态影响,本案中县政府动用的控制手段比较克制,主要是警告参与联名上书的受害者,没有动用暴力手段避免了直接冲突。在受害者群体采用越级信访等更加激进的手段来维护自己权利后,纠纷解决者发现他们逐步丧失了对纠纷解决的控制权,多方权衡之下转为妥协,决定将 A 公司搬迁。

纠纷解决者从压制到妥协的策略转变也是与地方政府的政策导向一致的。正如环保局副局长 W 所透露的,鉴于 A 公司在 S 县税收创收和提供就业方面的重要性,本案的处理是由县政府主导的。S 县作为 S 省唯一一个连续数年入选全国百强县的"标兵","压制"受害者的利益表达契合了经济奋进的大背景和地方政府的经济发展目标,故当地政府希望以最小的经济成本平息受害者不满,保证 A 公司对 S 县的经济贡献。"压制"不成功后,"稳定"作为高悬于地方官员头顶的"达摩克利斯之剑",S 县政府很快将"稳定压倒一切"作为处理此事的指导思想,作出搬迁污染者的决定。

从本案可发现,在环境群体性纠纷的行政解决方式与策略背后,存在纠纷利害相关者之间复杂的利益关系:污染者和受害者作为纠纷当事人存在直接利益冲突,环保部门力图保持其作为纠纷解决者的中立却不得不受制于地方政府,政府理应保护受害者的环境权益,但出于地方经济发展的考虑又对污染者的态度暧昧不明。而行政解决方式与策略的变化,正是污染者、受害者、环保部门与政府等利害相关者之间利益博弈的结果。

四、行政解决机制的特征

透视 S 县和 H 县环境监察大队解决纠纷的运作,可以发现这一纠纷解决机制具有以下主要特征。

（一）依附性/非独立性

依附性是针对纠纷解决机构——环境监察大队隶属于的环保部门地位而言。环保部门不仅是环境保护的主管部门，也是各级地方人民政府的职能部门。地方政府也具有双重身份，它们不仅是上级政府政策的执行者，还是所在区域公共利益的代表者。由此，上下级政府在利益的选择、利益的综合、利益的分配和利益的落实过程中，单向性、上级命令型的政府利益分配模式已经演化成讨价还价式的、互动式的、相互调整式的、合作式的政府利益分配模式。① 地方政府直接控制着环保机构，表现为经费由其支出且机构领导由其任命。② 环保部门不是一个完全独立的纠纷解决机构，在发展地方经济与保护环境的矛盾面前，其很难摆脱地方政府或主要领导人的意志。而地方政府和地方企业有着紧密联系，部分因为计划经济的传统，部分因为企业对地方收入和工作机会的重要性。③ 因此环保部门很难在企业设立的政策评估中提供客观中立的环境影响评价，这是选址问题型纠纷出现的重要原因。此外，环境监察机构解决纠纷的过程和结果也不具有独立性，例如，在处理那些对地方经济发展有重大影响的企业污染纠纷时，环境监察机构一般要上报环保部门并进一步请示政府；最终的纠纷解决结果也往往是"根据对多个利害集团的利益关系，包括达到某个特定行政目的在内的行政机关自身的利害、制约行政决定的实体方面的制度或规范等因素的综合评价而作出的"。④

（二）状况性/非规范性

状况性是指纠纷解决的内容没有事先为规范所规制，同时，纠纷

---

① 参见赵俊：《环境公共权力论》，法律出版社2009年版，第110页。
② B. van Rooij, op. cit., p.65.
③ B. van Rooij, op. cit., p.65.
④ 〔日〕棚濑孝雄：《纠纷的解决与审判制度》，王亚新译，中国政法大学出版社2004年版，第23—24页。

解决机制的运行没有受到明确规范强有力的制约。这一方面是由规范缺失造成的。在缺乏纠纷解决法律依据的情况下,环境监察人员习惯采用界限模糊、随意性较强的责令改正、停止违法行为方式解决纠纷,以便一定程度地化解矛盾又不至于引起当事人对法律依据的异议。另一方面则是部分环境监察人员出于自己的考虑,忽视规范制约。埃克霍夫指出,行政管理人确能给现有的规范状况一定的考虑,但其最关注的是权利和义务以后将会如何,他可能努力促进其自身利益,或是某一组织目标或社会目标。① 在实践中作为行政管理人的环境监察人员及其所属的环保部门会根据纠纷具体情况寻求平衡环境保护和经济发展的最佳策略,而不仅仅是严格按照规范解决环境纠纷。

(三) 封闭性/非公开性

封闭性是指纠纷解决程序不公开,环境监察人员解决纠纷的过程和结果不仅对当事人之外的第三人、社会大众不公开,即便是作为一方当事人的投诉人(受害者),往往也无从知晓纠纷解决过程甚至是纠纷解决结果。环境监察人员解决纠纷的封闭性/不公开性集中体现为:纠纷的现场调查、处理活动通常只有被诉人一方在场,这固然是因为部分投诉人不愿与被诉人见面,但不排除许多情况下是环境监察人员为节约时间精力而主动为之。对投诉人来说,他们因为没能参与纠纷解决过程从而无法对纠纷解决结果发挥有效的影响和作用。对原本就被排除在政治、经济与决策过程之外的社会大众来说,他们更加无法借由参与行动而对政府环境决策产生影响。② 事实上,环境问题

---

① 参见〔挪威〕托斯坦·埃克霍夫:《冲突解决中的调解人、法官和行政管理人》,喻中胜、徐均译,载徐昕主编:《纠纷解决与社会和谐》(第1辑),法律出版社2006年版,第290页。

② 民众参与指的是一个社群之中的民众得以共同分享决策的行动。更进一步来说,民众参与也是涉及一种权力的再分配。通过民众参与使得那些原本被排除在政治、经济与决策过程之外的民众,也能够借由参与行动而对决策产生相当程度的影响。参见 S. R. Arnstein, "A Ladder of Citizen Participation," *Journal of the American Institute of Planners*, 1969, 35(4).

中民众的参与是减少纠纷产生的重要原因。比如墨西哥的立法就强制规定了地方发展规划制定事项必须有公众参与。对墨西哥的一项研究显示,包括公众意见在内的适当性分析减少了纠纷的产生。①

(四) 决定性/非合意性

根据纠纷解决是依据第三者的判断还是当事人之间的合意,棚濑孝雄将纠纷解决过程归纳为"合意性"或"决定性"两种类型,并与纠纷解决内容的"规范性"或"状况性"结合在一起,构成了纠纷解决过程的两条"类型轴"(图3-6)。按照棚濑孝雄的观点,纠纷解决机制合意功能的发挥取决于纠纷解决过程:如果纠纷解决过程呈"合意性",根据合意达成的纠纷解决结果能够"最大限度地实现当事人自己的利益","降低执行纠纷解决结果的费用"。反之,如果纠纷解决过程向"决定性"一极移动,该纠纷解决机制的合意功能发挥不佳,则可能无法实现当事人利益最大化并增加执行费用。②

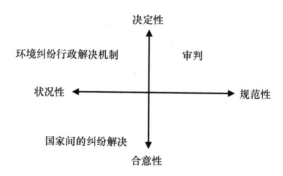

图 3-6 纠纷解决过程的类型轴

在环境监察大队的解决纠纷实践中,"决定性"特征非常鲜明,不

---

① L. A. Bojorquez-Tapia, Enrique Ongay-Delhumeau and Exequiel Ezcurra, "Multivariate Approach for Suitability Assessment and Environmental Conflict Resolution," *Journal of Environmental Management*, 1994, 41.

② 参见〔日〕棚濑孝雄:《纠纷的解决与审判制度》,王亚新译,中国政法大学出版社2004年版,第11、33、34页。

管是现场调查方式或纠纷解决方式的选取,还是纠纷解决的最终结果,都充溢着强烈的单方决定性色彩:环境监察人员决定着是否对纠纷进行监测、如何监测、运用行政执法还是行政调解方式解决纠纷、纠纷解决结果如何履行等。这一特征主要是由其扮演的上位者角色所赋予的,因为行政管理人拥有能将其意志强加给当事人的足够权力或权威,所以当他必须解决冲突时,他通常能凭借其权威地位来选择自己是充当调解人、法官还是行政管理人,影响其选择的因素包括结果的确定性和成本等。① 环境监察人员拥有足够的资源例如行政执法权、监测垄断权等来控制当事人争议的环境利益,因此他能决定是以行政管理人的面目动用行政命令或处罚还是扮演调解人的角色调解解决纠纷。环境监察人员解决纠纷的两种方式中,行政调解是"合意性"模式,行政命令和处罚则属于典型的"决定性"模式。出于解决工作量和时间分配冲突以及降低纠纷解决成本等综合考虑,环境监察人员主要运用"决定性"的行政命令或处罚,"合意性"的行政调解被束之高阁。但即使是在调解程序中,环境监察人员仍然握有开启调解程序,如何进行调解,是口头调解还是召开协调会等,是否以书面形式记录协调结果等一系列决定纠纷解决程序进程甚至结果的权力。当事人对权威的依附表现得相当明显②,属于 D. Black 笔下典型的"压服型调处"。③

从图 3-6 观察到,环境纠纷行政解决机制位于棚濑孝雄类型轴的第二象限,呈现出决定性和状况性的混合。进一步分析发现,行政解

---

① 参见〔挪威〕托斯坦·埃克霍夫:《冲突解决中的调解人、法官和行政管理人》,喻中胜、徐均译,载徐昕主编:《纠纷解决与社会和谐》(第 1 辑),法律出版社 2006 年版,第 290—292 页。

② 这可能是调解的一种常态。参见赵旭东:《纠纷与纠纷解决原论——从成因到理念的深度分析》,北京大学出版社 2009 年版,第 211—215 页。

③ 调处在三角层级中发展至最高程度,该场域下人们是不平等的、社会距离远、组织上不对称的,并且其关系和文化结构类似于等腰三角形。此时,第三方将冲突本身当做一种冒犯来处理,力求强有力地制服冲突而不管对立双方的利害关系或抱怨。参见〔美〕唐纳德·布莱克:《冲突处理的基本形式》,徐昕、田璐译,载徐昕:《迈向和谐社会的纠纷解决》,中国检察出版社 2008 年版,第 201—203 页。

决机制既具有行政权力解决纠纷的一般特征:依附性和决定性,也具有自己的独特性:状况性和封闭性。过于强烈的决定性导致"合意的贫困化",违反了审判外纠纷处理机关解决纠纷的正当性基础。行政权力运作缺乏严格规制,其恣意行使剥夺了当事人了解进而参与程序运作的权利,背离了基本的程序法治原则。

五、小结:以权力为基础的惩罚型纠纷解决机制

在纠纷解决理论中,对纠纷处理和解决进行分类的一种通行方法是将纠纷解决划分为以权力为基础(Power Based)、以权利为基础(Rights Based)和以利益为基础(Interests Based)三种模式。[①] 以权力为基础的纠纷解决是指纠纷当事人通过力量的竞争解决纠纷,也包括通过政府机构进行的刑事或行政执法或处罚,是一种依赖于国家权力的过程。以权利为基础的纠纷解决则是指纠纷被一个权威性机构或个人如行政管理人、法院、裁判所或仲裁人裁决。纠纷解决的结果即纠纷解决者(行政管理人、法院、裁判所或仲裁人)作出裁决的基础是法律、成文的政策或社会规范。而在以利益为基础的纠纷解决例如协商或调解中,冲突的当事人在第三人或没有第三人的协助下谈判,目的是达成一个自愿的、能满足双方利益的解决协议。这三种纠纷解决模式恰好可以对应 D. Black 提出的(四种)社会控制(Social Control)模式中的三种。[②] 一种是惩罚模式(Penal Style),它是一种由国家启动的惩罚某些被认为是需要谴责或道德失范的行为,对应以权力为基础的纠纷解决。二是补偿模式(Compensatory Style),这是一种由受害者

---

① W. Ury, *Getting Disputes Resolved*: *Designing Systems to Cut the Cost of Conflicts*, San Francisco: Jossey-Bass, 1986, pp. 3-10; R. Fisher and W. Ury, *Getting to Yes*: *Negotiating Agreement without Giving in*, New York: Penguin Books, 1991, pp. 1-24; Laurence Boulle, *Mediation*: *Principles*, *Process*, *Practice*, London: Butterworths, 1996, p.64.

② D. Black, *The Behavior of Law*, New York: Academic Press, 1976, pp 4-6.

启动的要求加害人给付赔偿的程序。这种模式更注重适当的救济而非对不当行为的惩罚。其对应的是以权利为基础的纠纷解决。第三种模式是调和模式(Conciliatory Style)。该模式由一个第三方的介入帮助纠纷当事人协商得出一个相互都可接受的纠纷解决方案,对应的是以利益为基础的纠纷解决。

比对上述三种纠纷解决模式和三种社会控制模式,本书探讨的环境纠纷行政解决机制很大程度上可以说是一种以权力为基础的惩罚型纠纷解决。当然其中也不乏以利益为基础的调和型纠纷解决,比如行政调解。但就绝大多数纠纷的处理来看,都是在环境监察机构行政执法权力的实际运用或以动用行政执法权作为威慑的情况下,直接通过轻重不一的惩罚方式,最常见的行政命令如责令改正,严重的行政处罚如停产停业、限期搬迁等,在惩治污染者的同时达致纠纷的解决。

第四章 环境纠纷行政解决机制的运行效果

一、效果评估标准的确定
——基于理论的述评

纠纷解决效果是研究任何一种纠纷解决制度都必不可少的内容，更是评价一种纠纷解决制度运行状况的关键标准。在对环境纠纷解决效果进行评估方面，外国学者尤其是美国学者进行了较为全面和深入的研究。

G. Bingham 在其具有里程碑意义的《环境纠纷解决：十年经验》一书中，富有创见性地提出对环境纠纷成功解决的定义以及衡量成功的标准，因人们看待环境纠纷的不同角度而有所不同。人们的一种看法是环境纠纷是由权力分配的根本性冲突产生的社会互动中的力量变化。因此，对这些人来说，仅仅解决了具体纠纷而没有在先例或政策方面带来更广泛的变化是环境纠纷解决的失败而非成功。① 换言之，纠纷成功解决的主要衡量标准是能否成为先例或上升为政策，以便对社会产生更大的影响。从另一种角度，不同利益之间的冲突被看做是社会如何组织的自然结果。社会系统被看做是多元化的，由多种多样交织的利益团体环绕于特定的问题。在这种情况下，各方当事人根据环境纠纷解决结果对本方利益的满足程度来评价纠纷解决过程的成功与否。外部观察者可能会以纠纷解决协议在多大程度上增加了所有当事人的共同获利来衡量成功与否。用来保证利益团体满意度被实际达致的纠纷解决协议能否达成与执行，是这种观点下衡量纠纷解决成功与否的重要标准。② 亦即如果能达成纠纷解决协议且该协议能够得以执行，环境纠纷就可视为被成功解决。第三种具有代表性的观点是社会最好不被解释为团体之间的冲突而是对共享目标和价值的广泛共识。根据这一观点，成功的环境纠纷解决途径应该是当事人确认他们共同的纠纷解决利益然后共同努力解决问题。阐明价值、共享信息和建立信任对重建共识尤为重要，而公共决策正是以重建共识为基础。当事人发展出一种改进的能力，即共同致力于应对当前和将来的争议，这至少和在纠纷解决程序中达成具体的协议一样重要，甚至

---

① "In one view, the dynamics of social interactions arise from a fundamental conflict over the distribution of power between those who have power and those who do not... Then, resolving that specific dispute without achieving a more sweeping change in precedent or policy may be viewed not as a success but as a failure." 参见 G. Bingham, op. cit., p.66.

② "From a second perspective, conflict between different interests also is seen as a natural consequence of how society is organized, but for a different reason. Social systems are viewed as pluralistic—composed of multiple, diverse, and interdependent interest groups that form around specific issues... The success of a dispute resolution process is measured by each party according to how well its interests are achieved by the outcome. Outside observers may measure the success by considering how well the agreement increased the joint gains by all parties. Reaching and implementing agreements are seen in this perspective as important mechanisms for ensuring that the satisfaction of interests is actually achieved." 参见 G. Bingham, op. cit., pp.66-67.

可能更加重要。① 换句话说,能否阐明价值、共享信息和建立信任是该种观点下环境纠纷解决成功与否的主要衡量标准。

一般意义上,评价替代性环境纠纷解决的成功与否,有六条传统的具体标准,分别是达成协议、协议的稳定性、程序的效率、程序的价值、程序的公正性以及当事人对程序的满意度。② 但 S. E. Danger 对这六条标准逐一进行了批判,认为这些标准是不全面的。③ 同时,细查之下可以发现,这六条标准主要是上述 G. Bingham 第二种和第三种观点的具体表现。在这些标准中,程序的公正性可能是最空泛的。应该由谁来判断公正?程序的公正性能够被客观评价还是只能与利益相关者的主观利益相连?有学者认为,用客观的描述来界定公正其实是假设外部观察者比纠纷当事人对其自己的最好利益有更好的理解,在环境纠纷的替代性解决程序中,这是可能的。④ 为使公正性标准具有可操作性,学者们又提出了一系列具体标准来扩展公正的内涵,包括用保护程序有效性的措施来确保结果的公正性,具体如纠纷解决协助人的挑选、对所涉利益的辨认和纳入、参与行为标准的建立、增强交流

---

① "The third perspective is that society can best be explained not by conflict between groups but by a broad consensus about shared goals and values. From this perspective, it is important in a successful conflict resolution approach for the parties to indentify their common resolution interests and to work together in solving problems. Clarifying values, sharing information, and building trust are particularly important in reestablishing the consensus on which public decisions can be based. At least as important as, and perhaps more important than, reaching specific agreements during a dispute resolution process is for the parties to develop an improved ability to work together in managing this and future controversies." 参见 G. Bingham, op. cit., p. 67.

② "... the six traditional measures of success—reaching an agreement, the stability of the agreement, the parties' satisfaction with the process, the efficiency of the process, the value of the process, and its fairness..." 参见 T. Foley, "Environmental Conflict Resolution: Relational and Environmental Attentiveness as Measures of Success," *Conflict Resolution Quarterly*, 2007, 24(4), p. 486.

③ E. Smith, "Danger-Inequality of Resources Present: Can Environmental Mediation Process Provide an Effective Answer?" *Journal of Dispute Resolution*, 1996, 2, pp. 379-400.

④ C. Albin, "The Role of Fairness in Negotiation," *Negotiation Journal*, 1993, 9 (3).

的整合性程序①;也包括纳入另外一些客观公正的指标,如偏向的压制、持续的交流、道德性、准确性。② 此外,还有学者提出信息(Information)、合法性(Legitimacy)、社会动态(Social Dynamics)、成本(Costs)四条标准作为选择适当的环境纠纷解决工具与评价某一种环境纠纷解决工具效果的标准,以应对环境纠纷的生态和社会复杂性(Ecological and Social Complexities)。③

环境纠纷解决效果评价标准的发展趋势表现为越来越注重宏观层面的环境利益。美国环境纠纷解决和公共政策中心建议,一种有用的定位多层次成功含义的出发点是将其分为实质、程序和关系三个要素。④

---

① E. A. Lind and T. R. Tyler, *The Social Psychology of Procedural Justice*. New York: Plenum Press, 1988. Adapted from T. Foley, op. cit., pp. 488-489.
② E. Barrett-Howard and T. Tyler, "Procedural Justice as a Criterion in Allocation Decisions," *Journal of Personality and Social Psychology*, 1986, 50(2).
③ 参见 H. Wittmer, F. Rauschmayer and B. Klauer, "How to Select Instruments for the Resolution of Environmental Conflicts?" *Land Use Policy*, 2006, 23, pp. 1-9. 关于每条标准的具体内涵请参见表 F-1。

表 F-1 评价辅助(作出)决定的方法的标准

标准	内涵
信息	应对复杂性
	融合不同类型的信息
	应对不确定性
合法性	法律的兼容性和整合程序性知识
	可归责性
	包容性/代表性
	对内部和外部人士来说,规则和(责任)承担的透明度
社会动态	关系
	改变行为和观点/学习
	机构/赋权
	促进一致或描述差异
成本	成本效用
	方式的成本
	失败决定的成本

④ G. Bingham, J. F. Birkhoff, and J. Stone, *Building Bridges Between Research and Practice: Learning Together to Improve the Resolution of Public Policy Disputes*, Resolve No. 28, Washington D. C.: Resolve Inc., 1997.

美国的一项大型实证研究把协议达成、协议的质量和增强当事人之间的工作关系作为评价纠纷解决结果的基准。① J. McKillop、R. Neumann、N. Sipe 和 J. Giddings 宣称对环境纠纷非诉解决程序的评价应有利于公共利益的最大化。② T. Foley 则强调,在关注关系和环境基础上的内部公正性标准可以确保更好地评价成功。为此他提出了纠纷解决过程应该为当事人提供转变的机会、通过评价纠纷解决结果的有效措施为环境保护呼吁这两条评价成功的标准。③ 后者在相当程度上等同于监管或规制效果。④ 有学者指出,(第三方的)协助不仅可以解决过去出现的纠纷,甚或能够直接形成规则对将来的行为加以管理。⑤ E. F. Dukes 同样指出,环境纠纷的替代性解决方式最有价值的结果并非一定是纠纷的解决,而是由此带来的附属产物,增加公共政策(法律、规划、公共行政等)制定的效率、生产力和当局的管理能力。⑥

上述标准普遍是纠纷解决者和学者们的观点,到底当事人自身是怎样看待环境纠纷的成功解决呢? S. A. Moore 通过对美国和澳大利亚两起环境纠纷的案例研究,指出成功是多层面和系列化的,为此她

---

① K. Emerson, P. J. Orr, D. L. Keys, and K. M. Mcknight, "Environmental Conflict Resolution: Evaluating Performance Outcomes and Contributing Factors," *Conflict Resolution Quarterly*, 2009, 27(1), pp. 27-64.

② J. McKillop, R. Neumann, N. Sipe, and J. Giddings, "Evaluating Environmental Dispute Resolution," *Australasian Dispute Resolution Journal*, 2003, 14(2).

③ "Ensuring internal standards of fairness based on attention to relational and environmental aspects provides a much more accessible measure of success... This article suggests that considering whether the process was alert to provide transformative opportunities for participants and a voice for the environment via effective measures to assess environmental outcomes adds a more accurate measure of success." 参见 T. Foley, op. cit., pp. 488-489.

④ 这里的规制是指行政机关为实现复杂多样的政策目的而采取的、具有一定规范效力的权力性或非权力性行为、制度,以此构筑起的广义的规制概念,而并非狭义的公权力行使行为。参见〔日〕黑川哲志:《环境行政的法理与方法》,肖军译,中国法制出版社 2008 年版,序第 2 页。

⑤ M. A. Eisenberg, "Private Ordering through Negotiation: Dispute-Settlement and Rulemaking," *Harvard Law Review*, 1976, 89.

⑥ E. F. Dukes, op. cit., p. 205.

提出了从当事人角度衡量成功的两重维度。一是条件性维度，分为无条件的成功、有条件的成功和失败；二是类型化维度，包括结果导向、政治导向、利益导向、义务导向和关系导向的成功。① 她发现，和纠纷解决者与研究者相似的是，环境纠纷参与者把成功描述为一个书面的

---

①

表 F-2 成功的维度

成功的维度	对维度的描述
1. 条件性	条件性包括： • 无条件的成功 • 附有条件的成功 • 失败
2. 类型化	类型化包括： • 结果导向的成功 • 政治导向的成功 • 利益导向的成功 • 义务导向的成功 • 关系导向的成功

表 F-3 成功的类型

成功的类型	分类	对类型的描述*
结果导向	结果	• 达成方案 • 保护区域 • 地面行动 • 覆盖所有问题
政治导向	结果 过程	• 对程序和方案的普遍接受 • 所有利益的代表
利益导向	结果 过程	• 民众利益得以维护 • 广泛的社区参与（FR）
义务导向	过程	• 对方案的所有权
关系导向	过程	• 机构和社区 • 各社区团体之间 • 机构内部（BM）

*FR—仅适用于菲茨杰拉德咨询委员会的案例研究；BM—只适用于鲍勃特遣队的案例研究。

In S. A. Moore, "Defining 'Successful' Environmental Dispute Resolution: Case Studies from Public Planning in the United States and Australia," *Environmental Impact Assessment Review*, 1996, 16, p.156.

协议(结果导向的成功)。此外,他们也把成功描述为自己的利益被辨认和保护(政治和利益导向的成功),关系和义务得到发展(关系和义务导向的成功),后两者的成功是与当事人的参与密切相连的。而在纠纷解决中被广泛运用的"公正"一词,被更精确地用来描绘政治和利益导向的成功。进一步地,S. A. Moore 指出,该研究提供的成功标准潜在地适用于任何一种包括社区和政府机构在内的环境决策。①

二、对行政解决机制运行效果的评估

总体上看,环境纠纷行政解决机制在较大程度上满足了受害者的救济需要。如图4-1 所示,有73%的受访者(投诉人)表示,如果以后遭遇环境纠纷,仍将求助于 S 县环境监察大队;有9%的受访者回答"看情况";仅12%的受访者明确表示不会再向环境监察大队寻求救济;另有6%的受访者拒答或答不出。又如图4-2 所示,尽管 H 县接受问卷的投诉人表示还会找环境监察大队解决纠纷的比例(62%)略低于 S 县(73%),仍超过了半数。H 县和 S 县的问卷结果显示,环境纠纷受害者对环境监察大队解决纠纷抱有较高期待值,信心较强。

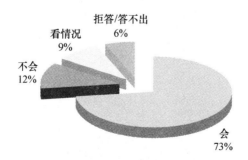

图4-1 "以后发生类似环境纠纷,投诉人是否还会找 S 县环境监察大队解决"问卷结果

---

① S. A. Moore, op. cit., pp.166-167.

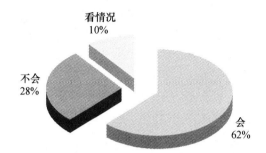

图 4-2 "以后发生类似环境纠纷,投诉人是否还会找 H 县环境监察大队解决"问卷结果

具体而言,笔者是根据环境监察大队解决纠纷的具体内容而非生硬套用前述理论标准来进行效果评价的。环境监察大队的纠纷解决内容大致可以分为纠纷解决结果和纠纷解决程序两部分,效果评析也将从这两方面展开。

(一) 纠纷解决结果

从应然层面讲,纠纷解决结果属于客观范畴,直观的表述是纠纷解决率,即环境监察大队受理了多少环境纠纷和解决了多少环境纠纷。为了分析纠纷解决结果与当事人的相互关系,笔者进一步调查了当事人对纠纷解决结果的接受度和满意度。

1. 纠纷解决率

什么是纠纷的成功解决?[①] 顾培东认为,社会冲突解决的内涵是多层次的综合体,他将纠纷解决分为四个层次,由低到高分别是:化解和消除冲突、实现合法权益和保证法定义务的履行、法律或统治秩序的尊严与权威得以回复、放弃和改变藐视以致对抗社会统治秩序和法律制度的心理和态度。C. Bourdeaux 等人将成功(的纠纷解决)简单

---

① 参见顾培东:《社会冲突与诉讼机制》(修订版),法律出版社 2004 年版,第 27—29 页。

定义为各方在纠纷解决过程中达成一份已签字的协议状态。① G. Bingham将"达成协议"界定为一份签字的书面协议或是当事人口头宣布他们已经达成协议且能够描述协议条款。② 也有学者对达成协议作为衡量纠纷解决成功与否提出了质疑,认为 G. Bingham 定义的成功是假设各方当事人都对真正问题所在有清楚的判断,也假设他们达成的协议足以解决问题所在。问题是把这些判断留给当事人不利于衡量"客观公正的程序"。③ 具体到环境监察大队解决纠纷,以调解协议结案的情形极其罕见,因此以协议的达成来衡量纠纷是否被解决明显不合适。从对环境监察人员的访谈和对受害者的问卷中笔者得知他们的理解:环境监察人员视投诉人(受害者)不再投诉为纠纷的成功解决;受害者则视污染者的行为被制止为纠纷的成功解决。前者基本等同于顾培东定义的第一层次的纠纷解决,后者则近似于第二层次的纠纷解决。很明显,环境监察人员认为的纠纷成功解决标准低于受害者。因为受害者不再投诉并不意味着污染得以制止,受害者完全有可能出于各种考虑继续忍受污染。

纠纷解决标准设定的高低与纠纷解决率成反比。调研所得与这一判断相符:"投诉人的纠纷是否在 S 县环境监察大队得到了解决"的问卷结果显示(见图 4-3),纠纷解决率约为 63%,其中纠纷得以完全解决和部分解决的分别约占 16% 和 47%。完全解决、部分解决、没有

---

① "We define success simply as a situation where the parties in an ADR process reach a signed agreement." 参见 C. Bourdeaux, R. O'Leary, and R. Thornburgh, "Control, Communication and Power: A Study of the Use of Alternative Dispute Resolution of Enforcement Actions at the U. S Environmental Protection Agency," *Negotiation Journal*, April 2001, p.184.

② "Reaching agreement can mean several things. For this study, it means either that the negotiation resulted in a signed, written agreement or that the parties reported verbally that they had reached an agreement and could describe its terms". 参见 Gail Bingham, op. cit., p.73.

③ "Success defined in these terms assumes that the parties themselves are good judges of what the real issues are. It also assumes that the agreement they have reached adequately resolves such issues. Leaving such judgments up to the parties provides no scope for measuring what Smith (1996) calls objective 'fair process considerations' (p. 382)." 参见 Tony Foley, op. cit., p.487.

解决的比例在 H 县的问卷结果中分别是 30%、27% 和 43%（见图 4-4），完全解决和部分解决合起来的纠纷解决率约为 57%，基本与 S 县保持一致（63%）。在环境监察人员看来，纠纷解决率基本等同于结案率，即受害者不再投诉的比例。① H 县环境监察大队大队长 R 直言，认定纠纷得到解决，第一是投诉人不再投诉，这是最关键的；其次才是被投诉的污染者按规定解决了问题。② 根据环境监察人员将投诉人（受害者）不再投诉设定成纠纷成功解决的标准，利用 S 县环境监察大队每年的重复投诉比例逆推计算出较为可信的结案率结果（重复投诉率 + 结案率 = 1）。③ 如图 4-5 所示，2004 年、2005 年、2006 年和 2007 年 1 月至 7 月的重复投诉率分别是 13.2%、3.3%、15% 和 3.2%，据此计算出同期环境监察人员认可的纠纷解决率分别为 86.8%、96.7%、85% 和 96.8%。因此，以 2006 年为例④，在投诉人（受害者）和环境监察人员看来，S 县环境监察大队的纠纷解决率分别为 63% 和 85%。

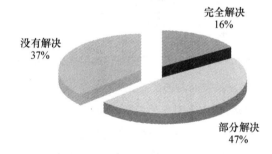

图 4-3 "投诉人的纠纷是否在 S 县环境监察大队得到了解决"问卷结果

---

① 资料来源：2007 年 6 月 1 日对 H 县环保局环境监察大队大队长 R 的访谈记录；2007 年 7 月 21 日对 S 县环保局环境监察大队工作人员 C 的访谈记录；2007 年 7 月 22 日对 S 县环保局环境监察大队工作组组长 X 和 H 的访谈记录；2007 年 7 月 24 日对 S 县环保局环境监察大队副大队长 L 的访谈记录。

② 资料来源：2007 年 6 月 1 日对 H 县环保局环境监察大队大队长 R 的访谈记录。

③ 在 H 县环境监察大队的标准化建设达标考核项目中，事故、纠纷的查处率和结案率分别占 2 分，查处率和结案率 100% 是满分，按比例扣减。H 县的内部统计表显示，2003 年、2004 年和 2005 年 1—3 季度查处率均为 100%，结案率分别是 96.5%、99.4% 和 100%，这一数据可信度不高。资料来源：《H 县环境监察信访投诉案件统计表》。

④ 对 S 县环境污染受害者的抽样问卷是基于 S 县环保局《2006 年人民来访登记簿》的信息。

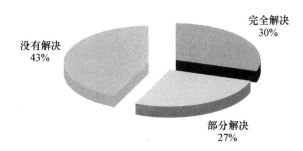

图 4-4 "投诉人的纠纷是否在 H 县环境监察大队得到了解决"问卷结果

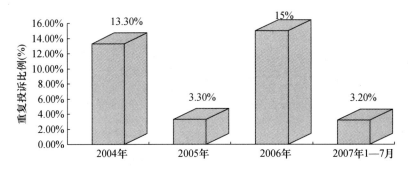

图 4-5 2004—2007 年 7 月 S 县环境监察大队接受重复投诉的比例

2. 对纠纷解决结果的接受度

需要说明的是,当事人对纠纷解决结果的接受度和满意度还是有细微差别的。当事人接受了解决结果不一定意味着对结果满意,当事人可能出于多种考虑接受自己并不满意的解决结果。故适宜分别考察接受度和满意度。当事人对纠纷解决的接受度近似于前述六条传统标准中的协议稳定性标准。G. Bingham 认为,协议有多稳定取决于多大程度上当事人在协议达成后执行了协议。[1] D. Smith 同样对这一点提出了异议,他认为这一标准仍然是基于未经证实的假设,即协议本身对当事人、社区和环境是公平的。[2]

---

[1] G. Bingham, op. cit., p.71.
[2] E. Smith, op. cit., pp.379-400.

在笔者的调研中,投诉人(受害者)对纠纷解决结果的接受度是指投诉人接受纠纷解决结果并且未再提起诉讼或求助于其他纠纷解决机制的比例①;该比例可间接反映出纠纷解决是否成功。在对纠纷解决结果的接受度上,投诉人不服 S 县环境监察大队的纠纷解决结果进而求助于其他纠纷解决机制的比例较低。问卷显示(见图 4-6),在 33 名受访者(投诉人)中,事后求助于其他纠纷解决机制的有 5 人,仅占 15%。换言之,其余 85% 的投诉人选择了忍受。② 在 H 县的问卷发现(图 4-7),受访的 30 名投诉人中,事后还求助过其他纠纷解决机制的有 7 人,占 23.33%,另有 76.67% 的投诉人选择忍受。忍受这种方式一直为缺乏信息或难以接近法律,以及认为收益太低、成本过高(包括就这种令人厌烦的行为进行争讼的精神成本)的"权利主张者"采用。③ 调研发现,环境污染受害者除了一开始就对污染保持沉默、忍气吞声以外,在向环境监察大队投诉未得到满意结果后大多数也会选择忍受。在 S 县未选择"忍受"的 5 人中,3 人(9%)再次找污染者协商,1 人(3%)到 S 县政府信访办上访,1 人(3%)到人民调解委员会寻求帮助。H 县未选择"忍受"的 7 人中,3 人(10%)向 H 县政府信访办寻求解决,2 人(6.67%)找到上级环保局,试图通过上级环保局给 H 县环保局施压,1 人(3.33%)再次找污染者协商,1 人(3.33%)选择向媒体曝光。

---

① 由于导论中所述样本选取的限制,此处仍然只能关注投诉人对纠纷解决结果的接受程度,而无法考察被诉人即污染者的接受程度。

② 按 D. Black 的研究,忍受是各地受害者最常见的回应。忍受最可能出现于社会生活的相反两端,或很亲密或很疏远,只有两极分化的场域才能将其包含在单一的环境之中。参见〔美〕唐纳德·布莱克:《冲突处理的基本形式》,徐昕、田璐译,载徐昕:《迈向和谐社会的纠纷解决》,中国检察出版社 2008 年版,第 203—205 页。

③ L. Nader and H. F. Todd, *The Disputing Process: Law in Ten Societies*, New York: Columbia University Press, 1978, pp. 1-40.

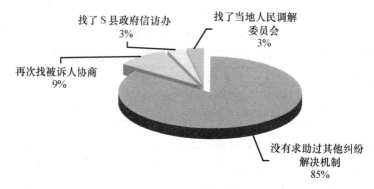

图 4-6 "投诉人在 S 县环境监察大队解决纠纷后是否向其他纠纷解决机制求助过,求助过何种纠纷解决机制"问卷结果

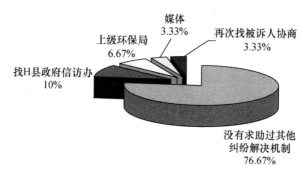

图 4-7 "投诉人在 H 县环境监察大队解决纠纷后是否求助过其他纠纷解决机制,求助过何种纠纷解决机制"问卷结果

3. 对纠纷解决结果的满意度

关于结果满意度作为衡量纠纷解决成功与否的标准,遭受过最为强烈的批判。早在 1983 年,研究人员就提醒需谨慎使用满意度作为衡量环境纠纷非诉讼解决成功与否的基本标准。因为那些滥用调解损害他方利益的当事人也非常满意。① D. Smith 认为这是最值得质疑

---

① A. R. Talbot, *Setting Things: Six Case Studies in Environmental Mediation*, Washington D.C.: Conservation Foundation,1983. Adapted from E. F. Dukes, op. cit. , p.199.

的评判标准,因为它只能反映出被权力、资源和文化限制所约束的期待。① T. C. Berle 和 J. Cayford 指出,与其他公共程序相比,环境纠纷的调解较少倾向于吸纳多样参与,因此与争议利益有关的人中参加者和没有真正参加调解的当事人的满意度有相当大的差别。②

图 4-8 显示,S 县投诉人(受害者)对纠纷解决结果的满意度(包括满意和比较满意)只有 33%,不满意度约为 52%,另有 15% 的受访者(投诉人)回答不知道或拒答。相同的问题在 H 县的问卷显示(见图 4-9),投诉人对纠纷解决结果的满意度(满意 + 比较满意)仅为 23%,不满意度则高达 77%。S 县和 H 县投诉人(受害者)的不满意原因均集中在污染持续或者反复,纠纷没有得到有效解决。③ 追问"你认为纠纷没有得到有效解决的原因",S 县受访者(投诉人)的回答(见图 4-10):40% 的投诉人将纠纷未得到有效解决归咎于政府,认为政府重

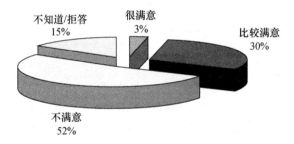

图 4-8 "投诉人对 S 县环境监察大队的解决结果是否满意"问卷结果

---

① "This criterion presents the most questionable determinant of success because it only reflects expectations that are bound by power, resources, and cultural constraints." 参见 E. Smith, op. cit. , p. 383.

② T. C. Beirle and J. Cayford, "Dispute Resolution as a Method of Public Participation," in *The Promise and Performance of Environmental Conflict Resolution*, R. O'Leary and L. B. Bingham ed. Washington D. C. : Resources for Future, 2003. Adapted from E. F. Dukes. op. cit. , p. 199.

③ 这与美国不同:在美国,对结果的满意度是与避免传统的裁判过程和执行协议的能力相联系的。参见 E. F. Dukes, op. cit. , p. 199.

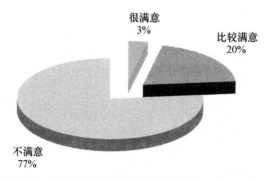

图 4-9 "投诉人对 H 县环境监察大队的解决结果是否满意"问卷结果

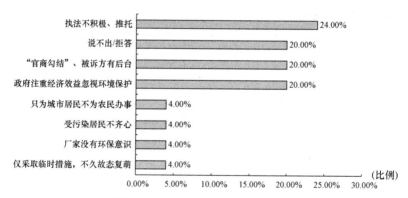

图 4-10 "S 县投诉人认为纠纷没有得到有效解决的原因"问卷结果

视经济发展和效益更甚于环境保护,甚至存在"官商勾结"的疑惑;32%的投诉人归因于环境监察大队解决纠纷不力,比如消极执法,重城市居民而轻农民(受害者),仅采取临时措施使得纠纷复发;4%的投诉人归因于污染者没有环保意识或环保意识薄弱;4%的投诉人将其不满归咎于受害者(投诉人)自身,认为受害群众不能齐心协力应对污染者;另有 20%的投诉人回答不出或拒绝回答。H 县投诉人认为纠纷未得到成功解决的原因主要包括(见图 4-11):环境监察大队执法不积极、推脱(占 27%),政府对企业发展的支持,对经济利益的重视(占 27.27%),以及"官商勾结",污染者有后台、有关系(占 23%)。有 2 人(占 9.09%)对纠纷没有解决表示理解,其中 1 人认为是被诉人的行业性质决定了污染的存在,另1人认为在现有污染治理技术水平较低、污染者能够投入治理费用有限的情况下没法完全解决污染。比较S县和H县接受问卷投诉人的回答,很容易发现两地投诉人对纠纷没有得到有效解决原因的认识是高度一致的,主要集中在政府注重经济发展更甚于环境保护,"官商勾结",污染者有后台和环境监察大队解决纠纷不积极、推脱。

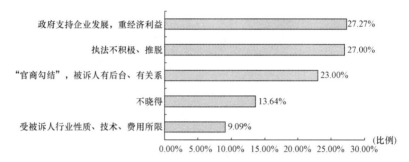

图 4-11 "H 县投诉人认为纠纷没有得到有效解决的原因"问卷结果

通过官方渠道,笔者发现S县和H县环保局尽管对投诉人的满意度没有制定或下达硬性指标,但也概括要求投诉人的满意度越高越好,对投诉人不满意的结果要进行解释,从而尽可能地争取投诉人的支持。① S县环保局历年工作总结中提到群众信访满意率高于90%,如2001年的满意率为100%,2006年的满意率为98%。H县环境监察大队的数据显示,2003年、2004年和2005年1—3季度的群众满意率全都是100%。② 通过问卷和官方渠道获得的投诉人满意度为何存在较大差异？可能的原因有两种:一是纠纷解决者(环境监察人员)和受害者(当事人)所界定的纠纷解决标准不同,受害者设定的纠纷解决标准高于环境监察人员,其对纠纷解决结果的满意标准相应较高,因此,投诉人(受害者)满意度偏低是正常的;二是既有的目标考核给纠纷解决者带来压力,官方数据有不实之嫌。

---

① S县环保局2001—2006年工作总结中均有此规定。
② 资料来源:《H县环境监察信访投诉案件统计表》。

4. 小结

由于环境纠纷性质的特殊性,即被诉人(污染者)污染环境的潜在必然性和投诉人(受害者)的环境权利易受损害性,行政解决机制理应具有为投诉人(受害者)维权的价值功能,这也是环境保护政策的必然要求。为此,环境监察大队解决纠纷时相对积极地介入事实调查,并对经济实力、社会影响力均处于弱势地位的投诉人(受害者)有所偏向,以调节这种不平等达到保护环境的最终目的,是合理的。S. Harashina也指出,污染者和受害者在信息获取数量和质量上的鸿沟是产生环境纠纷的重要原因。纠纷解决过程中有关当事人之间的信息鸿沟应该被减小。①

从纠纷解决结果来看,超过半数的纠纷得到完全或部分解决,也就是说,多数受害者都得到了有利结果,环境监察大队的维权功能得到了较好的发挥;受害者的接受度也相应较高。受害者之所以能从环境监察大队的纠纷解决中获得有利结果,是与环保部门的权威性密不可分的。根据2014年修订的《环境保护法》第10条之规定,各级环保部门是对本辖区的环境保护工作实施统一监督管理的行政主管部门。环保部门拥有的行政处罚权是为受害者维权最有力的武器,尽管相当一部分纠纷是纯粹民事性质,不具有行政违法性,环保部门的行政执法权仍会在无形中给污染者施加压力。行政机关不只是发动监督权限来纠正违法行为,往往同时能够带来解决纠纷的效果,在作为当事者一方的被监督者并未从事达到违法程度的行为时,具体的、特定的监督权限可以转化为一般的、抽象的威慑力,对当事者达成合意施加潜在的影响。② 环保部门的权威性同样是受害者选择行政解决机制最看重的背景因素。在"你为什么首选S县环境监察大队解决纠纷"问卷中(图4-12),77%的投诉人回答"解决环境纠纷、维护我们的环境

---

① S. Harashina, op. cit., pp.70-71.
② 参见〔日〕棚濑孝雄:《纠纷的解决与审判制度》,王亚新译,中国政法大学出版社2004年版,第96—97页。

权利是环保局的分内之职"。针对该问题,H县投诉人的回答更为五花八门(见图4-13),有67%的投诉人回答"环保局解决环境纠纷是其分内之职",与S县的结果一致。对"环保局怎样帮你维权"问题,投诉人的回答包括"环保局可以处理/制裁他(污染者)""直接把厂关(闭)了""让他(污染者)搬走"。对多位环境监察人员的访谈同样印证了其在纠纷解决中的绝对权威,当问及"你们处理纠纷时污染者会不会不理会你们,会不会阳奉阴违"时,他们回答,他们(污染者)不敢。①

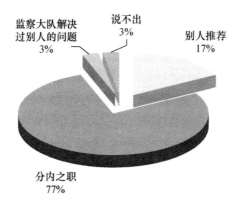

图4-12 "投诉人为什么首选S县环境监察大队解决纠纷"问卷结果

与纠纷解决结果较好形成悖论的是,投诉人对结果的满意度低,在S县满意度为33%(包括满意和比较满意);而在H县,满意度仅有23%(包括满意和比较满意)。投诉人对纠纷解决结果仅有较低满意度很可能是因为纠纷解决结果与其期望值之间存在差距。正如梅丽指出的,当事人向权威求助后,也就失去了对纠纷命名(Name)的控制权,加强了自己对国家权力的依赖,同时也使国家权力在纠纷解决这一方面的社会控制机制得到强化。② 当受害者求助于环境监察大队

---

① 资料来源:2007年6月1日对H县环保局环境监察大队大队长R的访谈记录;2007年7月21日对S县环保局环境监察大队工作人员C的访谈记录;2007年7月22日对S县环保局环境监察大队工作组组长X和H的访谈记录;2007年7月24日对S县环保局环境监察大队副大队长L的访谈记录。

② 参见〔美〕萨利·安格尔·梅丽:《诉讼的话语——生活在美国社会底层人的法律意识》,郭星华等译,北京大学出版社2007年版,中文版序言第3页、第150—152页。

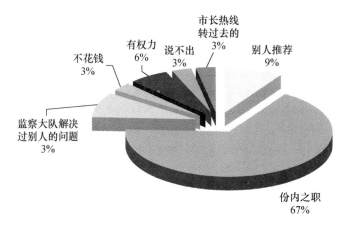

图 4-13　"投诉人为什么首选 H 县环境监察大队解决纠纷"问卷结果

后,就失去了对其提供的解决方式的控制权。环境监察人员凭借其权威支配着纠纷解决进程,于是纠纷解决结果可能与受害者的期望有所差异,典型表现是在一些污染严重、受害者要求污染者搬迁的纠纷解决中,环保部门在当地政府的指示下,考虑到地方经济利益,轻描淡写地采用责令改正或限期改正等方式处理了事,使纠纷未得到彻底解决。

(二) 纠纷解决过程

程序对实体理想效果的达致有着重要作用。关于纠纷解决过程,笔者根据过程的可接近性、过程的运行效率和当事人对纠纷解决过程的满意度等三个方面的内容来评判纠纷解决程序的效果。

1. 过程的可接近性

程序的可接近性、当事人的可承受性、赋权和教育都是环境纠纷替代性解决程序的价值所在。① 伴随法治国家"接近正义"(Access to Justice)运动的推进,保障公民的诉讼权进而保障公民接近各种纠纷解决机制的理念逐渐深入人心。但"接近正义"的文献显示,民众因为他

---

① T. Foley, op. cit., p.488.

们的不满向政府机构求助时依然会遇到阻碍。文献中提及的阻碍具体包括：缓慢的程序、过高的费用、对机构的程序不够了解、寻求正义必须经过的地理距离、机构决定的弱执行力、广泛的腐败和权力滥用以及机构有限的独立性。① 据此，对环境纠纷行政解决机制可接近性的考察包括：首先，民众是否知道其纠纷解决功能，了解程度如何；其次，纠纷受理有无条件限制，限制程度如何；最后，接近该纠纷解决机制的渠道是否便捷。其中，民众对纠纷解决机制的知晓与了解是先决条件，而受理限制和接近渠道前文已涉及，不再赘述。

"投诉人通过何种渠道知道 S 县环境监察大队纠纷解决功能"的问卷结果可间接反映出 S 县民众对环保局下属环境监察大队纠纷解决功能的了解程度（见图4-14）：42.4%的投诉人凭借常识判断环保局可以解决环境纠纷，"环保局，顾名思义就是保护环境、解决群众环境问题的"；27.3%的投诉人通过他人告知得知环保局可以解决环境纠纷；24.3%的投诉人是通过媒体或环保局自身的宣传活动得知的。尽管 H 县投诉人获知环境监察大队纠纷解决功能的途径和 S 县差不多，但各种途径所占的比重却大相径庭（见图4-15）：S 县有42.4%的投诉人顾名思义，凭常识判断出环保局可以解决环境纠纷，而这一比例在 H 县只有7.14%；H 县投诉人获知环境监察大队纠纷解决功能的最常见途径是媒体，占46.63%，而这一比例在 S 县只有15.2%。当然，环保局的日常宣传活动是向普通民众宣传其纠纷解决功能的重要渠道。S 县环保局对环境监察大队纠纷解决职责的宣传主要包括每年的6月5日（世界环境保护日）向公众发放环保知识手册、在当地主要媒体上介绍其职责并公布环保局及环境监察大队的投诉电话等。H 县环境监察大队的活动包括上街摆摊宣传，印刷《环保报》送给地方人大和

---

① "The access to justice literature shows that citizens seeking remedies for their grievances also meet obstacles in the governmental institutions they approach. The literature mentions slowness of the procedures, excessive costs, inadequate access to information about institutional procedures, the geographical distance justice-seeking citizens must travel, poor execution of institutional decisions, widespread corruption and abuse of power and limited institutional independence." 参见 B. van Rooij, op. cit., p.65.

政府。①问卷同时发现很多当事人(尤其是受害者)并不清楚环保部门的哪个机构具体负责环境纠纷解决,甚至不知道作为环保局下属部门的环境监察大队的存在。尽管受害者对实际的纠纷解决者认知不足,但这种不足并不影响大局。一旦发生环境纠纷,当事人往往最先想到并求助的公力救济机构便是环保部门。

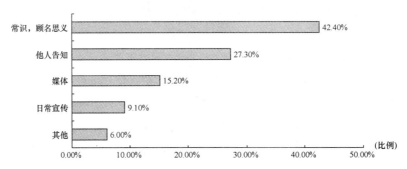

图4-14 "投诉人通过何种渠道知道S县环境监察大队的纠纷解决功能"问卷结果

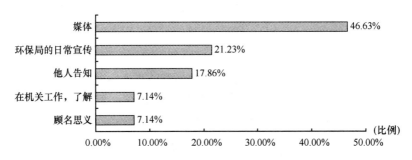

图4-15 "投诉人通过何种渠道知道H县环境监察大队的纠纷解决功能"问卷结果

2. 过程的运行效率

效率是一个经常被使用的评价标准。尽管本书对过程运行效率的讨论并非严格意义上的经济学分析,但笔者充分认识到效率是评估

---

① 资料来源:2007年7月24日对S县环保局环境监察大队副大队长L的访谈记录;2007年6月1日对H县环保局环境监察大队大队长R的访谈记录。

纠纷解决程序的一个重要变量。正如弗里曼指出的,关于资源和环境质量的政策选择是由政治领域中的人决定的,在决策的过程中,很可能会涉及对其价值难以达成共识的各种物品间的比较和替代,所以在决策当中,有关货币化的效益和费用的数据并不总是决定性的因素。不过它们却是一个很重要的信息形式。它们的用处在于使用了简单易懂且易于被人接受的方法,将一些复杂的影响和现象变成单一的价值量——货币。而效益—费用的分析在于它能够组织和简化信息,并使之变成适当的形式。① 当然,在环境伦理学家彼得·温茨眼中,成本—效益分析也存在固有缺陷。② 此外值得注意的是,从纠纷当事人的角度,最重要的并非调解比诉讼花更少的时间,而是怎样在每一个特定案件中最有效率地得到最好的结果。③ 即在效率和结果中获得一种最佳平衡。这与 D. Smith 的观点不谋而合,他认为一味追求效率会将衡量成功最重要的标准——结果的质量和公正性抛在一边。④

程序运行效率取决于成本/效益比率。⑤ 在效益一定时,成本可以作为近似衡量(程序运行)效率高低的指标。成本可粗略分为:国家成本和私人成本、时间成本和金钱成本。

先来看国家成本中的时间成本。访谈问卷得知,S 县环境监察人员处理一起普通环境纠纷一般需赴现场两次。其中,一次用于接到投诉后赴现场调查处理(耗时约 1 小时),另一次用于巡查时再到现场复查(耗时约 1 小时)。算上往返现场的时间(和 S 县辖区范围有关,大

---

① 参见〔美〕A. 迈里克·弗里曼:《环境与资源价值评估——理论与方法》,曾贤刚译,中国人民大学出版社 2002 年版,第 12 页。
② 参见〔美〕彼得·温茨:《环境正义论》,朱丹琼、宋玉波译,上海人民出版社 2007 年版,第 268—296 页。具体讨论可参见该书第十章"成本效益分析的特征与缺陷"的具体分析。
③ G. Bingham, op. cit., p.128.
④ E. Smith, op. cit., p.387.
⑤ 效率评价的计算方式主要有两种:一种是在对纠纷解决的成本投入不变的情况下分析纠纷解决的数量与质量是否得到提高;另一种是在纠纷解决数量与质量相对不变的情况下进行纠纷解决的成本比较。参见左卫民等:《变革时代的纠纷解决——法学与社会学的初步考察》,北京大学出版社 2007 年版,第 211 页。

致在 1 小时之内），可估算出 S 县环境监察人员处理一起普通环境纠纷平均耗时约 4 小时。① 另外，由于 H 县辖区范围更广，H 县环境监察大队 R 大队长表示难以估算时间。② 再来看国家成本中的金钱成本，由于采取了"开源节流"的措施，S 县和 H 县环境监察人员普遍认为经费"够用"。一方面，地方政府近年来加大了对环保部门的财政投入；另一方面，环境监察人员有意节省了纠纷解决的开支。为什么这样说呢？环境监测在环境纠纷解决各个环节中金钱成本最高，而实践中绝大多数环境纠纷解决都未经过正式的环境监测。以 S 县为例，2002 年至 2006 年 5 年中环保局每年受理的环境纠纷都在 500 件以上，而 S 县环境监测站每年开展的监测只有 100 多起，这 100 多起监测不仅包括为解决纠纷进行的监测，还包括环境监察人员例行巡查发现污染而进行的监测。③ 这说明大部分纠纷解决都没有经过监测，这固然与纠纷类型有关，比如前文提到的油烟、粉尘纠纷可以用肉眼直接观察，但未尝不是环境监察人员及监测站为减少工作量和降低金钱成本而采取的"权宜之策"。国家成本不仅仅指维持制度所直接需要的人员和物质方面的费用，还包括现实中执行解决纠纷的决定或合意所需要的费用。④ 环境监察人员将行政执法权作为迫使当事人（主要是污染者）自动履行纠纷解决结果的压制性力量同样降低了国家成本。

而就私人的时间成本而言，G. Bingham 指出，衡量替代性纠纷解决程序的时间耗费，首要的是要选定开始和结束的时间点。例如在她的研究中，就将纠纷当事人首次接触/联系调解人作为调解程序的开启；而程序的结束则是以最后一次会议或者协议签字或被认可的日期

---

① 资料来源：2007 年 7 月 22 日对 S 县环保局环境监察大队工作组组长 X 和 H 的访谈记录；2007 年 7 月 24 日对 S 县环保局环境监察大队副大队长 L 的访谈记录。
② 资料来源：2007 年 6 月 1 日对 H 县环保局环境监察大队大队长 R 的访谈记录。
③ 资料来源：2007 年 7 月 24 日对 S 县环保局环境监察大队副大队长 L 的访谈记录。
④ 参见〔日〕棚濑孝雄：《纠纷的解决与审判制度》，王亚新译，中国政法大学出版社 2004 年版，第 34 页。

为标志。① 本书中,行政解决程序开启采用的是受害者向环境监察大队投诉且环境监察大队接到投诉并记录在案,程序结束则是环境监察人员处理完纠纷并回复了投诉人(在其遵守规定的情况下。)以此为标准,问卷显示(见图 4-16),在投诉以后,有 7.1% 的投诉人(受害者)知道 S 县环境监察大队当天就派人前来处理纠纷,21.4% 的投诉人知道环境监察大队在 3 天之内派人前来,3.6% 的投诉人知道纠纷是 3 天以后处理的,回答不清楚是否处理和回答未处理的分别占 42.9% 和 25%。可知,有 28.5% 的环境纠纷在 3 天以内得到处理。H 县的问卷结果显示(见图 4-17),受害者投诉后,有 26.32% 的纠纷在 3 天内得到处理,15.79% 的投诉人知道纠纷是 3 天以后处理的,回答不清楚是否处理和未处理的分别占 26.31% 和 31.58%。投诉人不清楚环境监察大队何时派人处理的环境纠纷中应该还有相当部分是 3 天之内处理的,推测约有一半的投诉在 3 天内得到迅速而及时的处理,可见,对当事人(尤其是受害者)而言,解决环境纠纷的时间成本较低。至于当事人的金钱成本,受害者几乎不需要在行政解决程序中交纳任何费用,只有要求经济赔偿/补偿时才可能涉及监测和鉴定费用。一般情况下,受害者的花费就是向环境监察大队投诉所支出的通讯费、交通费、食宿费和误工费等,而这些花费已随着环境纠纷受理渠道的多样化和现代通讯手段(电话和手机等)的普及而大大降低。因为离救济机构

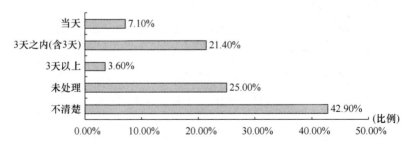

图 4-16 "受害者从投诉到 S 县环境监察大队前来处理的期间"问卷结果

---

① G. Bingham, op. cit., p.140.

的距离是一个重要的成本因素:更远的距离需要更多的经济和时间资源的开支,以便向救济机构提出纠纷。① 电话、手机的普及对缩短受害者与环保局距离的作用不可忽略。

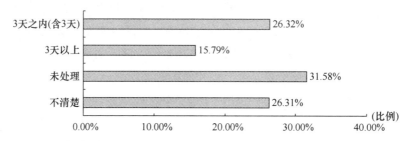

图 4-17 "受害者从投诉到 H 县环境监察大队前来处理的期间"问卷结果

为使环保部门解决纠纷过程中私人成本的耗费有一个更为直观的展示,笔者对同期 S 县法院受理的一起环境侵权损害赔偿案件中受害者的花费进行了分析:该案中,原告(受害者)冯某实际付出的金钱成本大体包括:由其承担的案件受理费和其他诉讼费 321 元,聘请代理人的费用约 1 000 元,没有得到法院支持的误工费 800 元,交通费和提档费 122.5 元,自己承担的损失 4 993.2 元,上述有明确项目的金钱成本是 7 236.7 元。② 付出的时间成本是 4 个月(从法院受理案件至作出一审判决),判决何时得到实际履行尚不清楚。

案情简介:

原告冯某是 S 县 L 村养鱼户,与 3 被告冯某某、李某和 Z 公司系相邻的养殖户。原告诉称,2006 年 7 月 13 日下暴雨,3 被告由于管理不善,其场内牛粪、鸭粪被冲到原告鱼塘内,将原告的鱼毒死 4 010 斤。原告要求 3 被告共赔偿直接经济损失 16 064 元、

---

① L. Nader and H. F. Todd, op. cit., pp.1-40.
② 这还仅仅是受害者一方参与诉讼活动支出的费用,不包括被告人及其他诉讼参与人参与诉讼活动支出的费用,审判机关为审理案件所支付的费用,及其他与诉讼活动直接相关的费用,这些均属于直接成本。参见邓一峰:《环境诉讼制度研究》,中国法制出版社 2008 年版,第 185—186 页。

消毒剂损失费580元、误工费800元、交通费62.5元和提档费60元。为证明其诉求,原告提交了S县环境监测站出具的检测报告和渔政部门根据这一检测报告作出的调查结论,证明3被告排放的废水中化学含氧量超标,造成鱼塘水质恶化,鱼类中毒缺氧死亡。经当地干部清点核查死鱼斤数和渔政部门确认鱼价,计算出其直接损失为16 064元。3被告辩称,原告的死鱼是因为天气这一不可抗拒的自然因素和原告鱼塘无增氧设施造成的,与被告没有因果关系。原告冯某和被告冯某某、Z公司均聘请了法律工作者或律师作为诉讼代理人参加诉讼。S县法院经过开庭审理,判决如下:根据相关的检测报告和结论,认定污水确实由3被告排放出,3被告没有证据证明不是自己的污水溢出造成原告的鱼死亡,应当按超标度的大小承担赔偿责任,赔偿金额一共为11 650.8元。而原告对无增氧设施造成损失的扩大也要承担一定的责任,须承担4 993.2元的损失。而原告要求的误工费800元因为没有提交证据不予支持,交通费和提档费不属于污染损失也不予支持。[1]

尽管笔者对环境污染损害赔偿诉讼与环保部门纠纷解决程序时间和金钱耗费的比较并不精确,但至少可以获得一个大致印象,那就是环保部门的纠纷解决程序更为便捷、高效。这与其他学者的研究结果相吻合:由于环境污染因果关系追索极为不易,导致受害者举证责任困难;诉讼费用负担高昂;诉讼程序繁复,历经各审级程序一拖数年,司法救济在环境纠纷解决方面有其先天缺陷,尤其在对受害者的紧急救济方面施展的余地有限。[2] 相反,对美国环境保护署(Environmental Protection Agency, EPA)介入的替代性环境纠纷解决方式运行状况的一项实证调查显示,至少从私人角度,替代性纠纷解决方式是

---

[1] 资料来源:S县人民法院民事卷宗(2006)S民初字第2××6号。
[2] 参见陈慈阳:《环境法总论》,元照出版有限公司2003年版,第389页。

节约时间和金钱的。①需要加以说明的是,一般情况下,对非诉讼环境纠纷解决程序最常见的评断是它们比诉讼便宜和快捷。但事实上,并没有系统化的测试证实这一断言,进一步,对非诉讼环境纠纷解决程序和诉讼作比较研究存在着一些概念性的难题。② 这与J. S. Andrew和叶俊荣的观点不谋而合:J. S. Andrew对54个案件的调查发现,尽管许多当事人确实声称他们节约了时间和金钱,但时间和金钱节约度的衡量仍然是很难准确辨认的。③ 叶俊荣认为,行政处理制度比诉讼更为快捷、低廉只是推论,"人云亦云"使其变成一个未经证实但似乎很有力的论断。在我国台湾地区,公害纠纷受害者不愿意去法院起诉主要不是担心时间和金钱的投入,而是他们认为从法院诉讼中获得的赔偿将会比他们从政治解决/体制外抗争中获得的少。④

3. 对过程的满意度

满意度被普遍用来衡量纠纷解决程序。"正义不仅要被实现,还要以看得见的方式实现。"环境监察大队纠纷解决程序的公开性和可参与性与当事人(受害者)对程序的满意度紧密相连。程序的可参与性是替代性纠纷解决程序的价值所在。⑤ D. Smith对程序的可参与性标准持更为肯定的态度,他认为应将程序利益和公平结果的概念结合起来以达到公平的协议。⑥

问卷显示(见图4-18),知晓S县环境监察大队对纠纷展开过调查的投诉人有52%。对于"知道环境监察大队如何调查"这一开放式问

---

① C. Bourdeaux, R. O'Leary, and R. Thornburgh, op. cit., pp. 183-184.
② G. Bingham, op. cit., p. 127.
③ J. S. Andrew, "Examining the Claims of Environmental ADR: Evidence from Waste Management Conflicts in Ontario and Massachusetts," *Journal of Planning Education and Research*, 2001, 21(2).
④ 该信息来自笔者2010年10月31日在荷兰阿姆斯特丹与叶俊荣教授的当面交流。
⑤ "The 'value' of the ECR process as a measure of success is also often considered in terms of the 'benefits' it provides to the parties. These benefits arise from participation in the process and are characterized as increased level of empowerment, education, and collaboration." 参见 T. Foley, op. cit., p. 488.
⑥ E. Smith, op. cit., p. 384.

题,52%的知道环境监察大队进行了调查的投诉人中,有21%回答"进行了现场调查",有6%回答"在现场进行了监测",有9%回答"(对污染者)进行了口头询问",还有16%回答"不清楚具体调查方式"。同样的开放式问题针对 H 县的受访者(见图4-19),在43.33%的知道环境监察大队开展过调查的投诉人中,有16.67%回答"进行了现场调查",有3.33%回答"在现场进行了监测",还有23.33%回答"不清楚具体调查方式"。

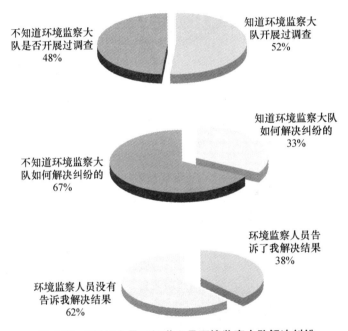

图4-18 "投诉人是否知道 S 县环境监察大队解决纠纷的过程、方式、结果"问卷结果

进一步的问卷发现,知晓 S 县环境监察大队是如何解决纠纷的投诉人有33%。环境监察人员告知过投诉人解决结果的比例为38%。不少接受问卷的投诉人颇为疑惑地提道:"我根本不晓得环境监察大队是怎么处理的,他们(环境监察人员——笔者注)从没有打电话告诉过我。"可见,尽管 S 县环保局有必须回复投诉人(受害者)的内部规定,可是在实践中环境监察人员没能完全做到。H 县环境监察大队的

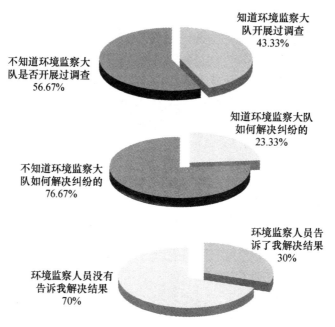

图 4-19 "投诉人是否知道 H 县环境监察大队解决纠纷
的过程、方式、结果"问卷结果

纠纷解决程序在公开性方面存在同样问题：仅有 23.33% 的投诉人知道环境监察人员是如何解决其与被诉污染者纠纷的,30% 的投诉人被告知了纠纷解决结果。投诉人对纠纷解决过程、方式及结果的知情度不高,也即表明环境监察大队纠纷解决程序的公开性较低。

即便通过某种纠纷解决过程使纠纷得到最终解决,但如果一方或双方当事人对解决的内容抱有强烈不满,则该纠纷解决过程恐怕很难说取得了成功。因为当事者的不满可能成为将来发生纠纷的原因,或者积累起来传播开去,导致对特定纠纷解决过程的回避和拒绝①,反之亦然。L. G. Buckle 和 S. R. Thomas-Buckle 的研究显示,美国环境纠纷调解程序达成解决协议的仅有 10%,调解主持者对此并不满意,反

---

① 参见〔日〕棚濑孝雄:《纠纷的解决与审判制度》,王亚新译,中国政法大学出版社 2004 年版,第 28 页。

倒是当事人的满意度还要高于调解者。① 这从侧面说明了可能纠纷解决者更看重纠纷解决结果,而当事人更注重纠纷解决过程。据此他们认为对纠纷解决"成功"的界定应该从以结果为中心向以过程为中心转变,对调解成功和调解人是否成功的评判应该更注重调解者在多大程度上增强了当事人对彼此关系和争议点的认知和影响。② 可见,美国环境纠纷调解解决程序中当事人对程序满意度的评价是在一定程度上独立于对纠纷解决结果的满意度。

S县投诉人对S县环境监察大队纠纷解决程序满意度的问卷显示(见图4-20),其满意度(包括很满意和比较满意)只有21%。相比之下,H县投诉人对H县环境监察大队纠纷解决程序的评价更低(见图4-21),满意度(包括很满意和比较满意)仅为13%,有74%的投诉人明确表示了不满意。对程序的满意度与一系列因素相关,包括程序的效率,程序辨认和解决关键问题的能力,当事人理解程序的程度,当事人能够参与进而影响纠纷解决结果的程度。③ 笔者的问卷结果基本印

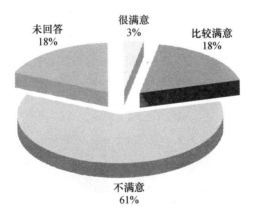

图4-20 "投诉人对S县环境监察大队解决纠纷的过程、方式是否满意"问卷结果

---

① L. G. Buckle and S. R. Thomas-Buckle, "Placing Environmental Mediation in Context: Lessons from 'failed' Mediations," *Environmental Impact Assessment Review*, 1986, 6, pp. 55-70.

② Ibid., p. 69.

③ "'Satisfaction with process' was associated with the efficiency, the ability of the process to indentify and resolve the key issues, the degree to which they were able to participate and thereby influence the outcome." 参见E. F. Dukes, op. cit., p. 199.

证了这些因素对程序满意度的影响。分析导致 S 县投诉人不满意的原因发现(见图4-22),环境监察人员的工作态度是导致投诉人不满意的最主要原因(占 40%),包括(环境监察人员)没过问、太拖沓和推脱,即程序效率低下。不利的纠纷解决结果如"未解决"和"没有力度",也是投诉人"迁怒"于纠纷解决程序的较重要原因(占 30%),即解决关键问题的能力不足。投诉人不知道纠纷解决过程、方式和结果也是一个较重要原因(占 25%),如未回复,因而不清楚(环境监察人员)是否来过(20%)和现场调查后无音讯(5%),这印证了前述程序公开性和当事人满意度之间的相关性,即当事人理解程序、参与程序进而影响纠纷解决结果的程度很低。另外,环境纠纷解决中很少采用环境监测(设备)也是投诉人对纠纷解决程序不满的原因之一(5%)。对 H 县环境纠纷投诉人不满意原因的追问发现(图4-23),未处理、解决引起纠纷的污染是导致投诉人不满意的最主要原因(占 51.8%);投诉人不知道纠纷解决过程、方式和结果同样是一个重要原因(占 32%);环境监察人员的工作态度也是导致投诉人不满的原因之一,包括不重视(占 4.05%),推脱(4.05%),打市长热线才来(4.05%),光说不做(4.05%)。这些原因与 S 县的问卷结果基本一致。

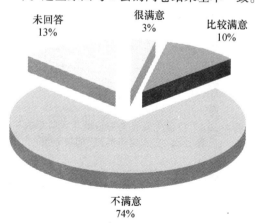

图4-21 "投诉人对 H 县环境监察大队解决纠纷的过程、方式是否满意"问卷结果

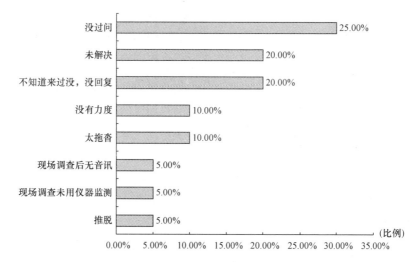

图 4-22 "投诉人对 S 县环境监察大队解决纠纷的过程、方式不满意原因"问卷结果

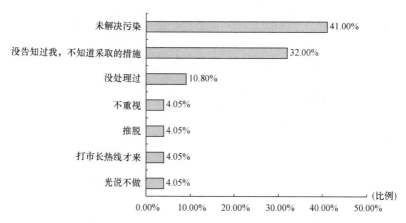

图 4-23 "投诉人对 H 县环境监察大队解决纠纷的过程、方式不满意原因"问卷结果

4. 小结

S 县环境监察大队的环境纠纷解决程序具有很高的可接近性和较高的运行效率。在程序可接近性与运行效率都较好的情况下,为什么投诉人对程序的满意度如此之低?分析投诉人的回答后发现,环境监

察大队解决环境纠纷的程序公正性不高,具体表现为:程序公开性较低、随意性较强,当事人(主要是投诉人)参与度较低,纠纷解决结果理由不够充足(如未进行环境监测)等。致使程序不公的主观原因是环境监察人员的职责定位出现偏差:他们仅将解决环境纠纷视为其他行政执法工作的附带,他们最关心如何以最短的时间和最少的精力平息受害者的投诉。同时,工作时间和工作量的冲突也是迫使环境监察人员简化乃至漠视纠纷解决程序的客观因素。

三、影响行政解决机制纠纷解决效果的因素

G. Bingham 在《环境纠纷解决:十年经验》一书中首次利用实证材料,分析了影响纠纷解决成功与否的可能因素。在她的实证研究中,每个变量对纠纷解决的影响是分别来考察的。[①] 但她清楚地认识到,这些可能因素是彼此相互关联地发生作用,影响着纠纷解决,只是这种关联作用很难进行量化分析。G. Bingham 将可能的影响因素分为两大部分:一是影响协议达成的可能因素;二是影响协议执行的可能因素。影响协议达成的可能因素又被分为三类:与当事人相关的因素(Party-Related Factors),包括所有利益关系人的确认和纳入(Identification and Involvement of All Affected Interests)、涉及的当事人数量(Number of Parties Involved)、涉及的当事人类型(Types of Parties Involved)、决策者包括公共机构的直接介入(Direct Involvement of Decision Makers, Including Public Agencies);与程序和背景相关的因素(Process and Context-Related Factors),包括对程序性事项达成一致(Agreement on Procedural Issues)、最后期限的存在(Presence of a Deadline)、足够动机的拥有(Possession of Sufficient Incentives)、满足各方当事人潜在利益的能力(Ability to Satisfy Each Party's Underlying Interests)、纠纷是否已

---

① G. Bingham, op. cit., p.94.

处在诉讼中(Whether the Dispute was in Litigation)、良好的代表或持续关系的维系(Maintenance of Good Representative/Constituency Relationships)、以良好的信任协商(Negotiation in Good Faith);与实质相关的因素(Substance-Related Factors),包括纠纷中的争议(Issues in Dispute)、对争议问题范围达成一致(Agreement on the Scope of the Issues)、对事实达成一致(Agreement on the Facts)。影响协议执行的可能因素又分别放入特定纠纷(Site-specific Disputes)和政策对话(Policy Dialogues)中加以考量。① 在上述因素中,有些是主观因素,难以衡量,比如当事人是否有达成协议的足够动力/动机;有些则是相对客观且易于测量的,例如涉及的当事人数量和类型。②

受 G. Bingham 的启发,笔者就已掌握的资料,对影响环境纠纷行政解决机制纠纷解决效果的可能因素进行了大致考察。需要说明的是,G. Bingham 界定的上述因素主要针对调解方式,很多因素对行政解决方式并不适用,比如对程序性事项达成一致,以良好的信任协商,对争点范围、事实达成一致等,而调解案例在 S 县和 H 县的数据组中极其稀少,无法推断其对调解成功的影响;有的因素对行政解决的影响则是毋庸置疑的,例如决策者包括公共机构的直接介入。经验显示,所有当事人尤其是有决策权威的公共机构参与纠纷解决,对增加达成并执行协议的可能性有重要作用。③但这并不影响笔者根据 S 县和 H 县环境监察大队的纠纷解决效果,作一些初步的定性分析,这些可能的因素包括:

其一,涉及的当事人数量。S. Carpenter 和 W. J. D. Kennedy, L. Susskind, G. McMahon 和 S. Rolley 的研究认为,参与纠纷的当事人人

---

① G. Bingham, op. cit., pp. 91-126.
② Ibid., pp. 94-95.
③ G. Bingham, op. cit., p. 104.

数在一定限制下纠纷才可能成功解决。① 而 G. Bingham 和 C. Bourdeaux 等人的调查则显示,人数多少对纠纷解决没有影响。甚至 G. Bingham 的实证数据还显示,成功解决的纠纷中当事人的数量要稍多于未能成功解决纠纷中当事人的数量。在有多人参加的纠纷中,纠纷解决者有时会使用座谈会来代替正式的协商,以协助群体问题的解决。②笔者的研究发现,多人投诉会加重纠纷解决者的压力,而在调解中环境监察人员也更倾向于采用协调会(类似于 G. Bingham 书中的座谈会)来解决当事人数量众多的环境纠纷。因此可以推测当事人的数量对纠纷解决效果有着某种影响,但这种影响的具体内容还需要进一步调查研究。

其二,涉及的当事人类型。从笔者的调查来看,被诉污染者的类型对纠纷能否成功解决有着关键影响。根据对 H 县和 S 县受害者的问卷结果,他们普遍认为政府重视经济发展进而对为地方经济发展有巨大贡献的污染者"大开绿灯",以致无法解决纠纷。可见,对地方经济有巨大贡献的污染者是阻碍纠纷成功解决的重要因素。

其三,纠纷中的争议。G. Bingham 的研究指出,至少在特定纠纷中,争议的类型(即污染的类型)和纠纷解决协议的成功达成联系很小。③ 但从笔者的研究来看,至少选址问题型纠纷是影响纠纷解决效果的因素之一,选址问题型纠纷往往更难以解决或者解决效果不佳。

其四,当事人的有效参与。这在调解运用中非常重要。但 G. Bingham 的案例研究并未得出这一因素和环境纠纷的成功解决有必然关系。而美国另一项实证研究的结论是,当事人的有效参与是纠纷成

---

① 参见 S. Carpenter and W. J. D. Kennedy, "Managing Environmental Conflict by Applying Common Sense," *Negotiation Journal*, 1985, 1(2); L. Susskind, G. McMahon, and S. Rolley, "Mediating Development Disputes," *Environmental Impact Assessment Review*, 1987, 7, pp.127-138.

② 参见 G. Bingham, op. cit., p.99; C. Bourdeaux, R. O'Leary, and R. Thornburgh, op. cit., pp.183-184.

③ G. Bingham, op. cit., p.117.

功解决的一个主要贡献因素。① 从 H 县和 S 县受害者的反馈来看,他们对纠纷解决程序不满进而降低他们对纠纷解决实质结果评价的原因正是环境监察人员没能充分保障他们的程序参与权。故而当事人的有效参与也是影响纠纷解决效果的一个因素。

---

① 这是一项规模很大的实证调查,运用了 SPSS 软件进行了定量分析。在设计问卷时,反复推敲可能影响纠纷解决结果的因素(变量)。光问卷的设计就持续了数年,经过多方多次反馈才确定。参见 K. Emerson, P. J. Orr, D. L. Keys, and K. M. Mcknight, op. cit., pp. 27-64.

第五章　环境纠纷行政解决机制的借鉴与检讨

一、其他国家或地区的环境纠纷行政解决制度

他山之石,可以攻玉。在检讨我国现行制度之前,有必要对其他国家或地区的环境纠纷解决制度有一个大致的了解。综观各国或地区的环境纠纷处理制度,有的注重司法程序,比如俄罗斯法律规定环境纠纷只能通过司法程序处理。根据《俄罗斯联邦环境保护法和土地法典》(2002年1月10日)第76条的规定,环境保护领域的纠纷,依法通过司法程序处理。① 欧盟立法赋予欧盟公民享受欧盟环境法律规定的权利和承担的义务,并拥有向欧洲法院直接提起诉讼的实体权利。这种权利是否包含因为环境纠纷而直接向欧盟法院提起诉讼的情况,尚不明确。但根据规定,欧盟公民有三种权利,向执委会提出指控(Complaint)的权利、向欧洲议会请愿(Petition)的权利、自由获得欧盟

---

① 参见《俄罗斯联邦环境保护法和土地法典》,马骧聪译,中国法制出版社2003年版,第40页。

成员国当局掌握的信息的权利。① 因此,从法理上来说,环境纠纷也是欧盟法院的受案范围。有的则司法程序与调解并重,例如印度尼西亚环境纠纷的制度内解决途径主要是诉讼和调解。② 也有的国家在司法程序和单纯的调解以外,积极寻找其他替代性纠纷解决手段。最典型的如美国,美国的环境诉讼数量有限③,并早在 20 世纪 70 年代便开始在环境纠纷领域引进环境纠纷解决(Environmental Conflict Resolution,ECR)。ECR 有广义、狭义之分,狭义的 ECR 仅指在纠纷解决背景下,作为对抗性解决方式(典型的如诉讼)的替代;广义的 ECR 则宽泛得多,涉及纠纷解决、公共政策决定和复杂的公共参与过程。在这种背景下,ECR 包括了从外部无偏私的协助获利的纠纷解决和合意寻求过程。④ 美国承担 ECR 功能的环境纠纷解决机构并不完全以行政区划来设立,而是以各地的环保署、研究团体、纠纷解决机构为依托,分散在新英格兰、东部、中部、落基山脉和西部五大区域,到 1985 年共有 24 个这样的机构。⑤ ECR 的最新发展是一种无偏私调查的评估(Assess-

---

① 参见蔡守秋主编:《欧盟环境政策法律研究》,武汉大学出版社 2002 年版,第 365—368 页。

② 对印度尼西亚环境纠纷诉讼和调解解决的案例研究,可参见 N. David 的博士论文。N. David, "Environmental Dispute Resolution in Indonesia," Ph. D. thesis, Leiden: Leiden University, 2006.

③ 有调查显示环保激进者们偏爱诉讼。参见 L. S. Bacow and M. Wheeler, op. cit., preface, p. 12.

④ P. J. Orr, K. Emerson, and D. L. Keyes, "Environmental Conflict Resolution Practice and Performance: An Evaluation Framework," *Conflict Resolution Quarterly*, 2008, 25(3). 该定义和美国官方界定是一致的:"Environmental conflict resolution (ECR) is defined as third-party assisted conflict resolution and collaborative problem solving in the context of environmental, public lands, or natural resources issues or conflicts, including matters related to energy, transportation, and land use. The term 'ECR' encompasses a range of assisted negotiation processes and applications. ECR processes can be applied during a policy development or planning process, or in the context of rulemaking, administrative decision making, enforcement, or litigation and can include conflicts between federal, state, local, tribal, public interest organizations, citizens groups and business and industry where a federal agency has ultimate responsibility for decision-making." 全文可参见: U. S. Office of Management and Budget and U. S. Council on Environmental Quality, 2005(www. ecr. gov/ecrpolicy).

⑤ Organizations for Environmental Dispute Resolution, Environmental Impact Assessment Review, 1985, 5(1).

ment)程序已被作为一种纠纷预防及纠纷解决的有效途径。① 纠纷评估的总体目标是明确利害关系人与关键性问题,分析发展的可能性,以及制订程序的工作计划。② 另外在荷兰,环境纠纷的调解解决(Environmental Mediation,EM)是指这样的一般化情形,即在决策制定过程中纳入了对冲突利益的平衡。荷兰的环境调解在实践中的运用并不普遍。③ 但荷兰环境部从1986年开始在复杂的环境问题/纠纷(例如多方当事人利益有很大分歧)中采用互动的政策制定和执行策略(Interactive Policy Making and Implementation Strategy, IBIS)。④ 而在澳大利亚,批判性话语分析(Critical Discourse Analysis)被有的学者认为是促进环境纠纷解决的重要手段。这种对利益相关者叙述的批判性话语分析能够作为一种限制纠纷范围、评估纠纷的手段,使得调解人或决策者更好地应对纠纷解决程序。⑤

本书研究由行政机关主导环境纠纷解决的情况,因此重点关注在这方面具有代表性的日本、韩国和我国台湾地区。

(一) 日本

1. 制度建立背景

日本环境法中所称公害,是指由于日常的人为活动带来的环境污

---

① 更多讨论,可参见 M. Bean, L. Fisher, and M. Eng, "Assessment in Environmental and Public Policy Conflict Resolution: Emerging Theory, Patterns of Practice, and a Conceptual Framework," *Conflict Resolution Quarterly*, 2007, 24(4).

② L. Susskind and J. Thomas-Larmer, "Conducting a Conflict Assessment," in *The Consensus Building Handbook: A Comprehensive Guide to Reaching Agreement*, L. Susskind, S. McKearnan and J. Thomas-Larmer ed. Thousand Oaks, CA: Sage, 1999, p. 103.

③ K. Hanf and I. Koppen, "Alternative Decision-Making Techniques for Conflict Resolution: Environmental Mediation in The Netherlands, Research Programme: Policy and Governance in Complex Networks," Working Paper No. 8, Rotterdam, June 1993, pp. 1-5.

④ Al. Hickling and B. Breure, "Dutch Environmental Ministry Adopts IBIS Method for Dispute Resolution," *Environmental Impact Assessment Review*, 1987, 7.

⑤ P. M. Smith, "Application of Critical Discourse Analysis in Environmental Dispute Resolution," *Ethics, Place and Environment*, March 2006, 9(1).

染以致破坏大自然而发生的人和物的损害。① 需要区分的是,正在计划项目将来污染可能产生的纠纷和已经发生的环境纠纷,前者最好能在环境影响评价过程中通过制度化调解得以解决②,而后者才是本书关注的重点。

日本的战后环境污染开始于20世纪50年代中期,到1967年时激进的律师为污染受害者提起了第一起诉讼。③ 日本公害史上最为有名的四大公害诉讼也发生在这一时期,即20世纪60年代末70年代初。为应对公害污染带来的社会动荡,日本政府采取了三类措施应对,其目的不仅仅是维持其政治控制,更为基础的是要重建对传统调解存在和功效的信仰,以及对权威的信任(这被认为是支持战后日本成功的秘密)。④ 这三类措施分别是:控制污染,减损新型社会运动,解决道德利益。⑤ 其中,在F. Upham看来,《公害纠纷处理法》等一系列处理公害纠纷的行政制度便是属于减损社会运动的措施。该法字面上的目的是为污染受害者提供比诉讼更便宜、更快捷、更有效的救济,但起草者的目标明显不仅限于简单的纠纷处理。第三方的介入,尤其是政府的介入,符合日本传统上对非正式、非争论性纠纷解决方式的偏好,且广受赞扬。《公害纠纷处理法》也是加强传统价值力量的另一结果。⑥

2. 制度设计——公害纠纷处理与公害投诉处理并行

《公害纠纷处理法》《公害等调整委员会设置法》《公害健康损害补偿法》等构成了日本的环境纠纷行政解决法律体系。根据1970年11月1日起施行的《公害纠纷处理法》,处理环境纠纷的行政机关分

---

① 参见〔日〕原田尚彦:《环境法》,于敏译,法律出版社1999年版,第4页。
② 对在建项目将来可能引起纠纷的解决,可参见日本学者S. Harashina对东京湾道路干线建设纠纷所作的案例研究。参见S. Harashina, "Environmental Dispute Resolution in Road Construction Projects in Japan," *Environmental Impact Assessment Review*, 1995, 15, pp. 29-41.
③ F. Upham, *Law and Social Change in Postwar Japan*, Boston, MA: Harvard University Press, 1989, p.29.
④ F. Upham, op. cit., p.54.
⑤ F. Upham, op. cit., p.56.
⑥ F. Upham, op. cit., p.57.

为国家机关和地方行政机关。在国家机关层面，公害等调整委员会（以下简称公调委）是根据《公害等调整委员会设置法》(1972年)而设立的行政委员会，是由委员长等专职委员以及非专职委员共7人组成的合议体。2001年以前，公调委一直设在总理府下，2001年进行省厅（部委）机构调整，公调委成为总务省的外设局。委员长和委员是从具有高尚人格、高水平学识的人中经过国会认可、总理大臣的任命而产生的，他们被赋予行使职权的独立性。公调委下设独立的事务局，定员40人。在事务局中，设置了对应于每一事件的由审查官和审查官助手组成的担当班，以支持委员工作。① 在地方行政机关层面，都道府县根据制定的条例，可以设置公害审查会。没有设置公害审查会的都道府县应当制定公害审查委员候选人名册，从该候选人中指定针对每一事件的委员，组成委员会。公害审查会的委员全都是非专职，经议会同意，由知事任命，但不设独立的事务局。② 到2012年，日本全境共47个都道府县均设置了公害审查会。③ 此外，地方政府还设置了公害课等窗口，负责公害苦情的处理。《公害纠纷处理法》第49条第2款规定，在都道府县及政令规定的市（人口在25万人以上的市），作为便于接待居民对公害方面的投诉反映，担当处理投诉问题的专门官员，设置公害投诉等相谈员。

　　日本的公害纠纷处理制度可分为两部分：一是在公害纠纷处理法框架下的斡旋、调解、仲裁及裁定，由中央的公调委和地方的公害审查会主持。斡旋是指第三者站在纠纷当事人之间使交涉顺利进行的中介行为。除了为交涉设定场所和到场作见证人等给当事人创造顺利达成协议的条件等事实上的服务活动之外，整理双方的主张和论点，促成和解契约的签订等行为也包括在斡旋之中。调解是第三者听取

---

① 参见〔日〕大久保规子：《行政机关环境纠纷处理制度的现状与课题——以公害等调整委员会的活动为中心》，载王灿发主编：《环境纠纷处理的理论与实践——环境纠纷处理中日国家研讨会论文集》，中国政法大学出版社2002年版，第186—187页。
② 同上书，第187页。
③ 参见《各都道府县の公害纷争事例》，载 http://www.soumu.go.jp/kouchoi/pollutionsystem/main7pollution.html，访问日期：2015年10月1日。

当事人的意见,独自进行事实调查,亲自起草调解方案,求得当事人确认该方案的活动。仲裁则是指当事人双方事先约定服从第三者的仲裁,委托第三者解决纠纷的情况。① 作为一种比较特殊的制度,裁定是由公害等调整委员会根据一方当事人的申请,对涉及公害的损害赔偿责任的纠纷进行果断地裁决,而不是来回穿梭于当事人之间引导让步。② 需要说明的是,裁定程序只能由中央的公调委进行。裁定程序分为责任裁定和原因裁定两种。责任裁定是指当事人围绕着对由公害引起的受害的损害赔偿问题发生争议时,根据一方当事人的申请,公调委就损害赔偿责任作出的裁定。责任裁定由委员会依照类似于裁判的程序进行,包括询问当事人、调查证据、调查事实等,在裁定书上记录正文、理由,最后由裁定委员会签名盖章。原因裁定则是指因公害引起的受害产生损害赔偿及其他民事上纠纷时,对当事人一方的行为是否是损害的原因有争议的场合下,委员会根据当事人的申请作出关于损害原因的裁定。原则上是主张受害的一方指出特定的加害人请求进行原因裁定,但因不得已的理由无特定加害人时也准许在不指出对方当事人的情况下申请(《公害纠纷处理法》第42条第27、28款)。③ 作为另一套制度的公害投诉处理,由地方公害课的公害投诉等相谈员负责。其具体进行主要包括以下三方面:一是接待居民的相谈,向当事人提供有关公害的知识、信息;二是相谈员亲自调查公害的实际情况,对当事人、关系人进行帮助、斡旋、指导,努力适当地解决投诉涉及的问题;三是与有关部门联系,迅速准确地报告涉及公害的投诉信息,发挥解决问题的推动力等公害观察员的作用。④斡旋、调解、投诉等方法虽然是谋求个别地解决公害纠纷的类似于司法的程序,但它不是裁判那种在严格的审判程序之下进行事实认定,并对此适用法律

---

① 参见〔日〕原田尚彦:《环境法》,于敏译,法律出版社1999年版,第40页。
② 参见李铮:《中日公害纠纷的行政处理程序之比较》,载王灿发主编:《环境纠纷处理的理论与实践——环境纠纷处理中日国家研讨会论文集》,中国政法大学出版社2002年版,第322页。
③ 参见〔日〕原田尚彦:《环境法》,于敏译,法律出版社1999年版,第41—42页。
④ 同上书,第43页。

来划分是非曲直的解决方法,而是以当事人折中为基础适用于具体的个别状况的纠纷解决方法,因此,需要基于良知灵活地加以运用。①

公调委或都道府县公害审查会的调解记录并不具有强制执行力,若义务人不履行调解记录的内容,公调委和公害审查会只能根据权利人的申请,对义务人发出敦促其履行义务的劝告书(《公害纠纷处理法》第43条第1款)。②但若权利人要求强制执行,就必须以义务人为被告另行提起诉讼。与之相反的是仲裁,纠纷当事人一旦缔结仲裁契约要求审查会等仲裁之后,该仲裁即具有与确定判决同等的效力约束双方当事人,除特殊情况外,当事人不得对仲裁裁决提出不服。③裁定的效力要稍微复杂一些,就责任裁定的法律效果来说,若在责任裁定作出后30日内不提起诉讼,视为当事人之间就损害赔偿形成了与裁定一致的合意(《公害纠纷处理法》第42条第20款)。④ 对责任裁定不服只能提起请求损害赔偿的民事诉讼,而不得提起行政诉讼(《公害纠纷处理法》第42条第21款)。关于原因裁定,纯粹从法律上看并不具有决定直接关系人权利义务的效力,也不能在损害赔偿或其他的关联诉讼中约束法院。因此其虽然在事实上有助于查明公害原因,但在形式上却不伴随任何法律上的效果。⑤ 相应的,《公害纠纷处理法》中没有明确规定其法律效果的条文。

日本制度中值得称道的一点是注意行政解决与行政指导的衔接。在采取法律性强制措施之前,都道府县的担当官员已在通过与企业方面的协商使其变更设施计划,或基于居民的投诉劝告改善工厂设施和操作方法等谋求事态的解决。也就是说,行政机关发现工厂等处于违

---

① 参见〔日〕原田尚彦:《环境法》,于敏译,法律出版社1999年版,第38页。
② 参见〔日〕奥田进一:《公害等调整委员会处理纠纷的现状与课题》,裴索译,载张梓太主编:《环境纠纷处理前沿问题研究——中日韩学者谈》,清华大学出版社2007年版,第65—66页。
③ 参见〔日〕原田尚彦:《环境法》,于敏译,法律出版社1999年版,第40页。
④ 参见〔日〕奥田进一:《公害等调整委员会处理纠纷的现状与课题》,裴索译,载张梓太主编:《环境纠纷处理前沿问题研究——中日韩学者谈》,清华大学出版社2007年版,第66页。
⑤ 参见〔日〕原田尚彦:《环境法》,于敏译,法律出版社1999年版,第42页。

法状态下时,在正式发出限制命令之前,首先给予技术上的助言,有时也发出警告促成设施的改善,以谋求违法状态的消除。这种在法律上的权限行使之前代替法律限制的行使实施的行政指导,称为代替性事前指导。① 再者,公调委和公害审查会通过纠纷处理,对改善有关公害防止的行政方针政策有意见时,可以向有关行政机关的长官提出(《公害纠纷处理法》第 48 条)。该条带有强烈的纠纷事前预防意味②,在日本过去一直不太受重视,它是以适宜地改善公害纠纷解决了解到的公害、防止行政上的缺陷为目的的制度,是公害纠纷处理和公害防止行政相连接的有机渠道。

3. 制度运行实效

从制度的运行实践来看,公害纠纷中依靠正式民事调解或诉讼解决的事例极少,大部分都以向市町村的市民相谈室、都道府县的公害课、警察署、保健所、法务局的人权维护机关等行政机关的窗口投诉、反映情况的形式,经过这些机关在事实上的斡旋或劝告得到解决。数据显示,作为正式的公害纠纷提交公调委或都道府县公害审查会的案件,包括极其严重的若干事例在内,其总数也是预想不到的少(全日本加起来每年大约只有 30 至 40 件),调解和仲裁的申请内容多为有关公害受害的损害赔偿请求。与此相反,在各种行政机关的窗口处理的投诉件数却仍然非常多(每年约 3 万件左右)。活跃在基层的大量具有良好素质的调解员,离当事人最近,处理方法灵活,收费低廉,解决了 90% 以上的投诉。③

一方面,受害者对非正式的苦情陈述、陈情的青睐显示了大多数受害者不愿通过严格的、耗费钱力的裁判程序,而希望通过行政机关的专门知识和作为公共机关的信誉,有时依靠其政治力量,使问题简

---

① 参见〔日〕原田尚彦:《环境法》,于敏译,法律出版社 1999 年版,第 123 页。
② 同上书,第 40—41 页。
③ 参见任勇、〔日〕崛井伸浩:《环境纠纷处理制度对促进环境管理的协同效应——以日本为例》,载王灿发主编:《环境纠纷处理的理论与实践——环境纠纷处理中日国家研讨会论文集》,中国政法大学出版社 2002 年版,第 288 页。

易迅速而且廉价地得到解决的愿望。以上那些由行政机关所做的公害投诉处理活动,都是利用简便程序的,因此,并不是没有暧昧地对待加害者责任的危险。这样就要求在由行政机关运用迅速的解决程序的同时,建立一种能够担保公正且妥当地解决纠纷的纠纷处理制度。①

另一方面,公害纠纷处理制度在现实中并未得到充分利用的重要原因是纠纷处理也没有像预期的那样迅速地进行,实际上与裁判同样需要很长的时间。因此学者希望通过1972年对《公害纠纷处理法》的修改,强化纠纷处理机关的权限来提高效率。有学者指出,最关键的是在简化纠纷处理程序的同时,加强纠纷处理与公害行政的联系,在行政内部形成一种能够将在纠纷处理时得到的有关公害的情报及时地运用到为防止公害所进行的行政指导和限制权的发动以及实施公害防治事业上去的体制。②

无论如何,根据F. Upham的研究,到20世纪80年代初,在反污染运动和三类措施实施10年后,社会和平重回日本社会,至少在环境领域是这样。③ 公害运动、公害诉讼大量减少,其重要原因之一就是行政处理制度分流了大量流向法院的公害纠纷,同时,政府因为受害者通常较早采取的投诉得以在纠纷产生早期介入并解决纠纷,也使得公害运动的势头减小了。F. Upham指出,这一现象其实是日本政府有意为之,因为"非正式性"(Informality)是日本纠纷解决的一个主要特征,因为与相对独立、更为正式的诉讼机制相比,行政解决较不容易威胁到政府对社会的控制。④ 因此,日本政府意在以公害纠纷处理制度加强其在环境领域的社会控制,结果显而易见是相当富有成效的。

---

① 参见〔日〕原田尚彦:《环境法》,于敏译,法律出版社1999年版,第36—37页。
② 同上书,第44—45页。
③ F. Upham, op. cit., p.62.
④ F. Upham, op. cit., pp.76-77.

(二) 韩国

1. 制度建立背景

韩国的环境污染纠纷早已有之,随着20世纪60年代韩国迅速的工业化而显著增加。韩国的工业化进程被称为"压缩式发展"(Compressed Development),与之相伴的是资源的大量消耗和污染的大规模排放。但直到20世纪80年代,环境污染纠纷才普遍发生,环境退化成为韩国最严重的社会问题之一。随着公众环境问题意识的觉醒,相应的出现了对污染环境的工业活动进行规制的呼声。1993年民选政府(Civilian Government)掌权后,韩国的环境纠纷解决制度逐渐成形。[①] 韩国政府摒弃了以往以经济发展为第一要务的取向,顺应公众请求颁布了一系列的相关法律、法规。[②] 这其中就包括《环境污染受害纠纷调整法》和《环境纠纷解决法》。[③]《环境纠纷解决法》(1997年7月)(Environmental Dispute Settlement Law 1997)是在《环境纠纷解决法案》(Environmental Dispute Settlement Act)基础上全面修改制定的[④],其立法初衷是提供作为诉讼替代性选择的行政性纠纷解决机制。[⑤] 与行政性纠纷解决机制相比,韩国法院的民事程序存在一系列问题:其一,法院程序正式且不够灵活,行政程序相反,在实际操作中更易接近,并能调整以适应不同情况。其二,民事程序要求当事人经由答辩提供意见。这可能进一步加深对立当事人之间对事实分歧的鸿沟,特别是在没有一方能提出具体证据来支持他们的立场时,而行政机构则并不如此依赖于当事人的意见。其三,在民事诉讼中只能由诉讼当事人请求

---

① J-H. Lee, op. cit., p. 211.
② J-H. Lee, op. cit., p. 200.
③ 参见齐树洁、林建文主编:《环境纠纷解决机制研究》,厦门大学出版社2005年版,第15页。
④ J-H. Lee, op. cit., p. 202.
⑤ "The focus is on the Environmental Dispute Settlement Law 1997 (South Korea), which was enacted in order to provide administrative dispute resolution mechanism as an alternative to the courts", 参见H-C. Lee, "An Introduction to the System of Environmental Dispute Resolution in Korea," *Asia Pacific Journal of Environmental Law*, 2002, 7(1), p. 89.

赔偿,有法律责任的第三人必须参加诉讼以获得赔偿,这可能会对增强程序和费用的重要性有所影响。其四,韩国的民事法庭不能强制执行行政机构的建议,司法权和行政权有着严格的分界。① 考虑到司法程序的上述不利因素,大多数受到环境污染的韩国民众选择行政纠纷解决方式也就不足为奇了。②

2. 制度设计——前期调解、调解和仲裁

在韩国,主持环境纠纷行政解决的机构是环境纠纷解决委员会,其作为一个准司法(Quasi-judicial)机构运作。③ 该委员会分为中央与地方两级,在其内部又被分为两个机构,一个负责调解,另一个负责仲裁。中央委员会的委员由总统按照环境部长官的提名任命,委员共10人,其中3人为全职工作;地方委员会的委员则直接由地方政府负责人任命,有20位成员,设1名全职工作的主任和19名兼职成员。④ 要想成为委员的个人必须展示其专家知识和对环境污染的理解。环境纠纷解决委员会的主要职责包括调解解决环境纠纷,调查环境投诉,听取污染受害者的陈述并答复受害者,研究如何预防环境纠纷的发生,开展与环境保护相关的公众教育(例如纠纷预防、纠纷解决)等五项内容。在受理纠纷的分工上,中央委员会主要受理跨地区或涉及两个以上地方政府的环境纠纷或100人以上的环境投诉,地方委员会则负责受理地方的环境纠纷。在特定情况下,地方委员会也可以将其受理的纠纷提交中央委员会处理。⑤

韩国的环境纠纷行政解决制度具体由前期调解、调解和仲裁三种程序构成。前期调解(Pre-mediation)的作用在于为双方提供一个确立他们各自立场的平台。在理想情况下,任何与纠纷有关的事实都应在前期调解中被确定下来。它要求当事人构建起他们自己相信的纠纷

---

① H-C. Lee, op. cit., p. 90.
② J-T. Ryu, "Problems with the Environmental Dispute Settlement System," *Human Rights and Justice*, 1994, 42. Adapted from H-C. Lee, op. cit., p.90.
③ H-C. Lee, op. cit., p. 91.
④ H-C. Lee, op. cit., pp. 92-93.
⑤ H-C. Lee, op. cit., pp. 92-93.

事实。前期调解中的环境纠纷解决委员会(一般是由一位委员主持)被禁止积极查清事实,但其有权视具体情况鼓励当事人解决纠纷(具备解决的初步希望)或终止前期调解程序(纠纷解决没有可能)。前期调解的主要目的并不在于纠纷解决,而是让对方当事人了解本方的观点。① 而后者应该才是前期调解程序的最终目的。在调解程序中,要由至少 3 位委员组成的调解委员会主持调解。此外,委员会的调查权力有所扩大,有权进入到污染地点、查看和复制具有商业敏感性的文件以及参加听证,但不能不顾当事人的意见自行调查。调解委员会有权给当事人提出解决意向并推荐当事人在 30 天内接受。② 当然接受与否在于当事人,委员会并无任何权力强迫当事人接受其作出的解决意向。调解除上述普通调解程序外,还有一种特别调解(Ad-hoc Mediation)也是被允许的。这种特别调解即使没有双方当事人的一致同意、只有当事人一方的同意也可以启动。该程序主要运用于持续中的严重损害案件、调解协议不能立即达成的案件和维护公众利益的案件。维护公共利益的内涵包括:导致死亡、公共安全处于危险之中、可能导致不低于 400 万美元的损害。③仲裁程序则起始于向委员会提起的(仲裁)申请。仲裁委员会的人员构成视纠纷争议金额大小有所不同:不超过 16 万美元的纠纷,由 3 位委员组成仲裁委员会;超过 16 万美元,则由 5 位委员组成委员会。值得一提的是,与商业仲裁的私密性不同,环境污染仲裁通常是公开进行的。不过,如果仲裁公开会产生负面影响,仲裁委员会便可决定不公开。可能产生负面影响的情形包括:侵犯当事人的隐私权;与公众利益无关;威胁到程序的公正;可能危害到商业秘密的安全等。④ 在前期调解、调解和仲裁三种程序中,仲裁程序可以在一定条件下向调解程序转换,即当认为调解将更有利于纠纷解决时,仲裁委员会可要求将该仲裁案件转换为调解案件。如

---

① H-C. Lee, op. cit., p. 94.
② H-C. Lee, op. cit., p. 94.
③ H-C. Lee, op. cit., p. 96.
④ H-C. Lee, op. cit., p. 98.

果当事人不同意这一转换,仲裁程序继续进行;如果当事人双方均同意,仲裁程序就直接转换成调解程序。① 调解仍由该仲裁委员会主持,这时的仲裁委员会便是调解委员会。

前期调解、调解和仲裁的效力各不相同。调解委员会最主要的权力在于有权向当事人提出调解协议,其作出的调解协议必须经委员会会议的半数委员同意。② 如果当事人均同意调解协议,委员会将继续主导调解直到纠纷最终得到解决;反之委员会如果认定当事人并未抱着良好的愿望参加调解,可以决定提前终止调解。如果委员会在30天内未收到当事人双方同意调解协议的明确答复,调解程序自行终止。由于当事人任意一方或双方均不同意调解协议导致调解失败的情况下,任何一方都可以向法院提起民事诉讼。仲裁程序的效力比较特殊,经双方当事人同意的仲裁决议具有最终法律效力,当事人不得上诉;如果当事人一方不同意仲裁决议的,须在接到仲裁决议的60天内提起诉讼,否则将被视为认可仲裁决议从而丧失诉讼资格。③

3. 制度运行实效

从1990年韩国的环境纠纷行政解决制度建立到2008年末,韩国的中央环境纠纷调停委员会共受理了2 405件申请。其中,已进行调停处理的1 959件,撤回申请的有272件,正在处理中的有174件。④ 从纠纷的污染源角度来分析,因噪音污染引发的调停申请占了绝大多数。⑤ 另外,环境纠纷的主要类型从早期的工业污染向近年来城市和生活类型的案件(例如机动车废气排放带来的空气污染和邻里之间的噪声污染)转变,反映出城市化的进程和对环境问题更为广泛的民众

---

① H-C. Lee, op. cit., p.98.
② H-C. Lee, op. cit., pp.95-96.
③ 参见齐树洁、林建文主编:《环境纠纷解决机制研究》,厦门大学出版社2005年版,第16页。
④ "调停"应是指由前期调解、调解和仲裁构成的环境纠纷行政解决制度的整体。出于尊重原作者的考虑,此处仍沿用"调停"一词。
⑤ 参见〔韩〕洪准亨:《环境法》。转引自林宗浩:《韩国的环境纠纷调停制度》,载《政法论丛》2009年第5期,第106页。

认知。①

表 5-1　1998—2008 年中央环境纠纷调停委员会
受理调停案件的污染源分析②

区分	总计	噪音振动	大气污染	水污染	海洋污染	其他
总计(%)	1 959(100)	1 681(86)	139(7)	64(3)	9(1)	66(3)
2008 年	209	173	8	3	—	25
2007 年	172	142	7	3	—	20
2006 年	165	150	8	3	—	4
2005 年	174	151	11	5	—	7
2004 年	223	206	8	3	1	5
2003 年	292	264	19	8	—	1
2002 年	263	229	26	4	—	4
2001 年	121	103	11	7	—	—
2000 年	60	49	7	4	—	—
1999 年	79	67	8	4	—	—
1998 年前	201	147	26	20	—	—

如表 5-1 所示,韩国的中央环境纠纷调停委员会受理的案件数从 2001 年开始明显增加,2002 年一年受理的案件数(263 件)便超过了 1990 年至 1998 年 9 年间的案件总和(201 件)。换言之,韩国的环境纠纷行政解决制度在经过一段时间的运行后,逐渐开始为人们所了解并采用。值得注意的是,环境纠纷解决中当事人对第三方专家的信赖度比较高。③ 另外,在已进行调停的 1 959 件案件中,当事人双方达成合意的有 1 625 件(84%),最后调停中断或提起诉讼的仅有 311 件(16%),即调停成功率高达 84%,调停成功率比 1998 年之前明显提

---

① J-H. Lee, op. cit., p.202.
② 表 5-1 引自林宗浩:《韩国的环境纠纷调停制度》,载《政法论丛》2009 年第 5 期,第 106 页。
③ J-H. Lee, op. cit., p.212.

高。① 这一高成功率也会增强人们利用该纠纷解决机制的信心。

同时,有学者指出韩国环境纠纷行政解决制度运行中也存在不少缺陷。首先,实践中提交行政解决的环境纠纷中只有 20% 是通过调解解决的。②这一现象的原因比较复杂,一方面可能是调解委员会没有尽最大努力促成调解,提出的推荐建议非常狭窄,没有考虑到所有相关的利益。另一方面则可能是调解的执行力不够。调解未充分利用可能与调解程序的法律执行力有关。受害者们普遍认为仲裁因其更广阔的法律后果而更有利。这与日本环境纠纷行政解决制度中严重倾向于调解完全不同。其次,环境纠纷解决委员会的成员构成问题。按规定每个委员会应该有 1 至 3 名全职成员,但事实上通常只有主席 1 名全职成员。这直接导致了纠纷解决程序比如调查被忽视,在调解和仲裁过程中只有较少时间用来鼓励当事人妥协。此外,中央委员会得到一个协助调查及处理其他行政事务的行政部门支持,在该部门支持下运作的中央委员会能够更集中地处理实质性问题,运行得更为有效。③ 而这样的支持机构在地方不存在。进一步地,韩国地方环境纠纷解决委员会雇用的专家较少以及现有专家的能力缺乏,导致了调解的肤浅化和大量的纠纷被提交到中央。最后,当事人对程序的参与不够。例如在调查程序中,即便关于环境污染原因和影响的调查报告经常影响到委员会的最终裁决,当事人在这一程序中表达自己意见的权利也没有得到保障。这可能让当事人感觉到他们不能合适地表达自己的立场,转向求助民事诉讼,而这恰好是行政解决制度设计所希望避免的。④

J-H. Lee 更为深入地分析到,尽管环境纠纷行政解决制度在解决

---

① 参见林宗浩:《韩国的环境纠纷调停制度》,载《政法论丛》2009 年第 5 期,第 106 页。

② Y-K. Jeon, "Central Environmental Dispute Settlement Committee Annual Report," 1998, 59(15). Adapted from H-C. Lee, op. cit., p. 101.

③ Y-K. Jeon, "The Central Issues in Environmental Dispute Settlement," *Journal Human Rights and Justice*, 1994, 53. Adapted from H-C. Lee, op. cit., p. 103.

④ H-C. Lee, op. cit., pp. 101-103.

企业引起的污染和环境损害方面比较成功,但它在解决与企业设立有关的纠纷、跨地区的纠纷和地方政府之间发展项目的纠纷时效果不佳。在这些纠纷中,受害民众更多地通过非正式、非制度性的示威甚至暴力手段来寻求纠纷解决。这印证了韩国纠纷解决中的一种倾向,即依赖权力重于规则,依赖政治重于法律因素。①

(三) 中国台湾地区

1. 制度建立背景

按叶俊荣的说法,公害强调"公",强调的是对公众、对大多数人的健康或财产造成损害。因此,他认为邻里之间的噪声、油烟等纠纷并不属于公害纠纷,而是一种相邻关系中的轻微环境纠纷。在他看来,环境纠纷应该包括公害纠纷和相邻关系的环境纠纷②,这与本书对环境纠纷的定义是一致的。

台湾地区的环境保护史,基本上就是一部公害纠纷史。③ 从 1988 年年底开始,公害纠纷案件突然增多。若以年度分,则 1989 年所发生的公害纠纷特别多,此乃因公害纠纷随着人民环保意识的觉醒及政治"解严"而逐渐爆发,在 1989 年年底达到最高峰。那一年是台湾地区社会力最活泼的一年,也是社会运动最澎湃的一年。而公害纠纷仅是由劳工、无住屋组织、农民等抗争行动所构成的社会运动中的一环罢了。由于社会运动的突现,1989 年也因而在许多人眼中成为最"乱"或最"脱序"的一年。然而,这种所谓的"脱序"现象毋宁是社会力长久在戒严体制下受到压抑,在一夕间爆发,而相关制度却无以适时因应的结果。在环境方面则反映了长久以来只重经济发展而忽略环境品质的代价。因此,这种"乱"或"脱序"可以说是社会转型期所必须付出的成本。也是在建立完善的公害纠纷制度(及环境相关法制)之

---

① J-H. Lee, op. cit., pp. 202-205.
② 该信息来自笔者 2010 年 10 月 31 日在荷兰阿姆斯特丹与叶俊荣教授的当面交流。
③ 参见叶俊荣:《环境政策与法律》,中国政法大学出版社 2003 年版,第 256 页。

前必经的道路。①

具体到台湾地区环境纠纷行政处理制度的出台背景,台湾地区学者的一般看法是,环境纠纷的突出性、影响的广泛性以及巨大的危害性决定了环境纠纷解决不宜打持久战,迅速及时妥善解决是环境纠纷处理程序追求的价值所系。在司法救济不够及时、低廉,和解、调解等机制权威性或公正性欠缺的情况下,如果没有其他妥当的程序分流疏导,环境纠纷的复杂与激烈性使纠纷解决很可能通过制度外抗争进行。"当人民的纠纷十分的激烈,而且双方不只是个别的个人,则出于社会秩序维护的必要,行政部门有必要提供各项的协助,以使当事人间的纠纷得以快速、有效解决。行政机关出面协调、主动调查证据,主动提供进一步的资讯、邀请仲裁人或其他种种的方式,只要不违反法律规定,原则上都是合理的,而且是正常的。有时候,行政机关甚且提供若干的诱因或惩戒性的警告于业者或民众,只要不违法而且不违反个案裁量正当性的界限,则应该支持行政机关的做法。"②即决策者突破了一般民事纠纷解决应贯彻的"行政协调从属性原则"③,适用其例外规定,特别设置环境纠纷的行政处理制度。对此叶俊荣持不同见解,他认为"公害纠纷处理法"并非是为解决环境问题,而是希望"解决掉纠纷",避免不稳定影响投资环境。在此之前的公害纠纷基本上通过政治渠道解决,林园事件高达12.7亿元新台币的巨额赔偿使当局充分感受到政治解决/体制外途径的不确定性,于是直接从日本"照抄"得来"公害纠纷处理法",希望通过制度内途径化解公害纠纷。④

---

① 参见叶俊荣:《环境政策与法律》,中国政法大学出版社2003年版,第264页。
② 黄锦堂:《台湾地区环境法制研究》,元照出版有限公司1994年版,第302—303页。
③ "行政协调从属性原则"是指,就私人间的纠纷,一般而言,政府只是提供法院、乡镇(调解)或是私人间不拘形式的和解机制,供当事人选用。行政部门主动出面邀请双方协谈,甚至行政部门主动代为作鉴定、调查证据,应该属于例外。参见黄锦堂:《台湾地区环境法制研究》,元照出版有限公司1994年版,第302—303页。
④ 该信息来自笔者2010年10月31日在荷兰阿姆斯特丹与叶俊荣教授的当面交流。

2. 制度设计——陈情和公害纠纷处理并行

台湾地区的公害纠纷处理机构分为两套系统：一是接受陈情的各环保机关设立的"环保报案中心"，专司公害陈情的处理工作，其法律依据是"环境保护机关处理民众陈情公害污染案件注意事项""环保报案中心专线电话接听标准与作案程序及电话礼貌须知""公害陈情案件处理作案改进措施""公害陈情案件追踪清查及管制复查作业要点"。二是负责调处、裁决程序的直辖市、县（市）政府下设的公害纠纷调处委员会和"行政院环境保护署"下属的公害纠纷裁决委员会，其依据的法律包括"公害纠纷处理法"（1992年2月1日公布）、"公害纠纷处理法施行细则""公害纠纷处理收费办法""行政院环境保护署公害纠纷督导处理小组组织规程""行政院紧急公害纠纷处理小组组织规程"。就分工而言，陈情主要处理的是比较轻微的相邻关系环境纠纷，而调处和裁决处理的则是复杂棘手的公害纠纷。① 另外，地方的公害纠纷调处委员会负责调处公害纠纷，"中央"的公害纠纷裁决委员会则负责裁决经调处不成立的公害纠纷损害赔偿事件。②

在纠纷解决程序的具体设置方面，台湾地区环境纠纷的行政解决制度呈现出多样性，主要有陈情、调处和裁决三种程序。根据台湾地区"行政程序法"第168条之规定，陈情系指人民对于行政改革之建议、行政法令之查询、行政过失之举发或行政上权益的维护向主管机关申诉。台湾地区民众针对环境纠纷陈情的主要内容包括：要求管制污染源，避免污染的继续发生；要求鉴定污染源与损害间的因果关系，据以作为向法院起诉请求损害赔偿的基础；长期污染或担心意外事故衍生严重污染危害，而强烈要求污染源搬迁。③ 针对相邻环境纠纷的陈情处理更似管制，而不是纠纷解决，或者说是通过管制附带解决纠

---

① 该信息来自笔者2010年10月31日在荷兰阿姆斯特丹与叶俊荣教授的当面交流。
② 参见台湾地区"公害纠纷处理法"第4条、第9条。
③ 参见林俊录：《"公害纠纷处理法"现况与趋势》（2003），第7页，载http://ebooks.lib.ntu.edu.tw/1_file/moeaidb/012933/H20820-08.pdf.

纷。调处和裁决程序主要是指依据"公害纠纷处理法"由设在地方一级的调处委员会和设在"中央"的裁决委员会处理环境纠纷的程序。调处是纠纷一方当事人,因环境纠纷的发生原因或赔偿责任等,以申请书形式向调处委员会申请处理的程序。调处的范围较广,不论公害纠纷的发生原因或赔偿责任,或其他请求,都可以申请调处。环境纠纷若经调处委员会调处不成立,当事人可以就该纠纷造成的损害赔偿问题向裁决委员会申请裁决。值得一提的是,台湾地区环境纠纷行政解决制度中对污染监测的规定。"公害纠纷处理法"第25条规定,调处委员会为判断公害纠纷之原因及责任,得委托环境保护主管机关、其他有关机关、机构、团体或具有专业知识之专家、学者从事必要之鉴定。其鉴定费由"政府"先行支付,如经确定其中一造当事人应负公害纠纷责任时,由该当事人负担之,并负责返还"政府"。根据这一规定,监测鉴定的决定权掌握在调处委员会手中,费用承担采用了"政府"先行支付的方式。

调处和裁决的效力不尽相同:当事人达成调处协议并由调处委员会制作成调处书送法院核定后与民事确定判决效力相同,并可以直接作为强制执行的依据。而裁定程序中,当事人在裁决书正本送达后20日内,未就同一事件向法院提起民事诉讼,或经撤回起诉者,视为双方当事人依裁决书达成合意,具有强制执行力。

3. 制度运行实效

从表5-2中1993—2002年台湾地区调处、裁决案件和表5-3中1998—2007年台湾地区陈情案件的数量对比可推断,台湾地区的环境纠纷构成中,相邻关系环境纠纷占了绝大多数,公害纠纷数量很小。20世纪90年代至21世纪初,由于相关环保法规的订定与各项环保措施的推动,加上民众环保观念的提升及民营企业大幅投资于防治污染设施,使台湾地区的环境污染情况大幅改善,相对的因污染排放所造成公害纠纷案件亦逐渐减少,足见现行公害纠纷处理机制确已发挥相当成效。①目前大部分公害纠纷样态已由传统的污染直接排放,转为突发污染意外事件所衍生,或因排拒影响生活环境之经济开发活动或兴建厌恶型设施所造成之设厂型及废弃物不当处理等纠纷所取代。叶俊荣对此仍持不同看法。他认为,"公害纠纷处理法"出台后公害纠纷确实减少了。但原因并非调处和裁决程序发挥了多大效果,而是高压政策,暴力压制使得受害者不敢将"不满"外化成"纠纷"。②

表5-2 台湾地区公害调处和裁决程序办理案件情况统计(1993—2002年)③

	调处程序					裁决程序			
	申请件数	成立	不成立	办理中	其他	申请件数	已裁决	裁决中	退回
基隆市	1	0	1	0	0	0	0	0	0
台北县	3	0	1	0	0	0	0	0	0
台北市	0	0	0	0	0	0	0	0	0
宜兰县	1	1	1	1	1	0	0	0	0
桃园县	4	0	2	1	1	2	1	0	1
新竹县	0	0	0	0	0	0	0	0	0
新竹市	0	0	0	0	0	0	0	0	0
苗栗县	21	2	19	0	0	15	14	1	0
台中市	1	1	0	0	0	0	0	0	0
台中县	2	0	2	0	0	1	1	0	0
彰化县	8	1	7	0	0	2	2	0	0
南投县	1	0	1	0	0	1	0	0	1
云林县	15	0	10	0	5	4	2	1	1
嘉义市	0	0	0	0	0	0	0	0	0
嘉义县	10	1	9	0	0	12	12	0	0
台南市	0	0	0	0	0	0	0	0	0
台南县	18	9	6	3	0	3	2	1	0
高雄县	18	2	12	0	4	10	6	2	2
高雄市	32	2	21	0	9	6	6	0	0

---

① 参见林俊录:《"公害纠纷处理法"现况与趋势》(2003),第2页,载http://ebooks.lib.ntu.edu.tw/1_file/moeaidb/012933/H20820-08.pdf.
② 该信息来自笔者2010年10月31日在荷兰阿姆斯特丹与叶俊荣教授的交流。
③ 表5-2引自林俊录:《"公害纠纷处理法"现况与趋势》(2003),第10页,载http://ebooks.lib.ntu.edu.tw/1_file/moeaidb/012933/H20820-08.pdf.

(续表)

	调处程序					裁决程序			
	申请件数	成立	不成立	办理中	其他	申请件数	已裁决	裁决中	退回
屏东县	5	5	1	0	4	0	0	0	0
台东县	2	1	1	0	0	1	1	0	0
花莲县	0	0	0	0	0	0	0	0	0
澎湖县	3	1	1	0	1	0	0	0	0
金门县	0	0	0	0	0	0	0	0	0
连江县	0	0	0	0	0	0	0	0	0
总计	145	26	95	5	25	57	47	5	5

表 5-3 台湾地区公害陈情受理件数统计(1998—2007 年)[①]

年度	1998	1999	2000	2001	2002	2003	2004	2005	2006	2007
数量	85 768	92 193	102 200	90 032	110 964	112 859	116 413	130 164	131 850	148 554

至于环境纠纷行政解决制度的发展趋势,叶俊荣认为,陈情程序可以保留,因为随着民众素质和法律意识的提高,陈情在实践中运行效果较好,当事人满意度较高。而"公害纠纷处理法"框架下的调处和裁决程序应该废止,代之"环境责任法"框架下的诉讼制度和事前预防措施。一方面,公害纠纷应通过法院解决,设立"环境法院"而非狭隘、孤立的"环境法庭",形成典型先例,指导后来案件的审判。在具体案件的审判上,适当放宽责任认定和因果关系认定,一定程度上适用无过错责任原则。另一方面,加强纠纷预防工作,如推进污染保险和环境影响评价制度。[②]

关于公害纠纷中非常重要的一类设厂型纠纷的解决,叶俊荣认为,设厂型纠纷不宜调处,主要理由是调处委员会应力求其独立公平,惟地方政府官员在委员会终身居要津,且大多负有民意付托,难免具有政治意识与立场,对于设厂与否的政策性问题,实难想象地方政府首长能独立公平处理之,解决设厂型纠纷的努力之道在于能够调和

---

① 表 5-3 根据台湾地区"环境保护署"网站数据统计制作,参见 http://www.epa.gov.tw/。

② 该信息来自笔者 2010 年 10 月 31 日在荷兰阿姆斯特丹与叶俊荣教授的交流。

"中央"与地方、法律与现实以及产业环保等面向①,尤其应注重事前预防,即做好环境影响评价(Environmental Impact Assessment, EIA)。他认为近年来台湾地区设厂型公害纠纷减少的主要原因正是环境影响评价制度发挥出了较好效果。并特别提到台湾地区中部工业园区环评结果被法院推翻以致工程停工的案例,认为这一判决起到了很好的导向作用。②

(四) 小结

从上述对日本、韩国和我国台湾地区环境纠纷行政解决制度建立背景、制度设计和实施状况的介绍来看,三者存在不少共同之处。其一,就制度设立的背景而言,环境状况的恶化乃至环境纠纷的大量产生都出现在"二战"后,只不过日本的战后经济发展较早,因此环境污染和纠纷也出现最早(20 世纪 60 至 70 年代),韩国和我国台湾地区起步稍晚,污染和纠纷基本上于 20 世纪 80、90 年代大量涌现。行政解决制度的设立均是为了应对大量环境纠纷已成为重要的社会问题、而其他纠纷解决机制如诉讼等解决不力的局面。其二,关于制度设计。三者的制度都是由"中央"和"地方"机构并行实施,其中日本和我国台湾地区还进一步区分为公害纠纷的处理制度和公害投诉处理制度。具体程序设计较为充分地考虑到民众对非争讼式纠纷解决方式的偏好心理,行政机关介入的调解是一种重要的纠纷解决方式。其三,三者制度的实施状况及问题所在。总体来看,在行政解决制度实施一段时间后,分流了相当数量原本流向其他纠纷解决机制的环境纠纷,在一定程度上实现了制度设计的初衷,进而部分解决了因为环境污染带来的社会问题。值得注意的是,在日本和我国台湾地区,都是地方政

---

① 参见叶俊荣:《环境政策与法律》,中国政法大学出版社 2003 年版,第 272 页;叶俊荣:《环境理性与制度抉择》,台北三民书局 1997 年版,第 9 页。
② 该信息来自笔者 2010 年 10 月 31 日在荷兰阿姆斯特丹与叶俊荣教授的当面交流。关于台湾地区科学园区一案,可参见"科学园区扩建工程被勒令停工引发台湾环评风波",载新浪网(http://green.sina.com.cn/2010-08-17/161620916715.shtml),访问日期:2010 年 11 月 17 日。

府或环保部门的投诉处理制度而非更为正式的调处或裁决制度解决了最为大量琐碎的环境纠纷。共同存在的问题可能是调解(此处所指是正式的调解,不包括投诉处理制度中的调解)使用频率并不高,由此可能导致污染当事人对程序公正性产生一些疑虑。

有必要追问的是,为何东亚国家或地区特别偏好行政性的环境纠纷解决制度?每个国家或地区对何种环境纠纷解决制度的偏好受制于一系列因素:现存的政治和宪法法律框架、对政府作用和处理社会问题合适方式的认知、在将要引进新技术的实质性领域中过去处理问题的经验,等等。① 以美国为例,美国一直被认为是"对抗制民主"(Adversarial Democracy)的代表,其对应"以司法为中心的环境政策制度"(Judicially-dominated Environmental Policy System)。于是在 ECR 出现之初,有学者即指出 ECR 所提倡的合意性(Consensual)解决与美国的对抗性民主、分权等政治传统格格不入,并可能加深纠纷当事人力量的不平衡性。美国政治现实下的 ECR 可能会遇到种种障碍,因此最好只将 ECR 作为现有解决方法的一系列替代性手段之一。② 实证研究表明,美国各州对 ECR 的偏好及使用程度都不一样,这受制于一系列因素,包括:州政府的管理能力、总体能力、环保承诺、创新变革的意识、地域形态和精英意识等。③ 回到包括日本、韩国、我国台湾地区在内的东亚国家或地区,其政治上并不具有西方的对抗性民主、分权传统,民众意识形态上却有依赖权威的传统,催生了在环境纠纷这类公共性纠纷解决上公权力的强势介入和政府自上而下的推进。这是行政性解决方式在包括中国在内的东亚国家或地区环境纠纷解决体系中占有相当重要地位的缘故。

---

① 更多讨论,可参见 K. Hanf and I. Koppen, op. cit., pp.2.
② B. G. Rabe, "The Politics of Environmental Dispute Resolution," *Policy Studies Journal*, 1988, 16(3).
③ R. O'Leary and T. Yandle, "Environmental Management at the Millennium: The Use of Environmental Dispute Resolution by State Governments," *Journal of Public Administration Research and Theory*, 2000,1, pp.137-155.

二、我国环境纠纷行政解决机制的演进

E. F. Dukes 清楚地认识到,环境纠纷的非诉讼解决程序与其说是一种替代,不如说是由法律、立法或行政程序构成,复杂、相互依赖的系统的一部分。① 在正式进入对现行制度的检讨前,首先回顾我国环境纠纷行政解决机制从无到有再到逐步完善的演进过程。每一阶段中环境纠纷利害关系人之间的权力关系变化可借用 D. Taylor 建构的三种权力关系模式加以解释。②

(一) 行政解决机制未建立:加害者—牺牲者模式

1949 年新中国建立后到 1978 年"拨乱反正"前,尤其是 1958 年的"大跃进"运动开始后,各地不顾生态条件乱建工厂,且不采取防治污染措施,造成污染并引起环境纠纷。到了"文化大革命"期间,城市建设更是冲破了规划和一切规章制度的约束,在居民区兴建有污染的工厂,对周围环境造成严重污染,影响居民的正常生活。③ 由于不健全的环境法制和特殊的政治背景,环境纠纷行政解决机制尚未建立。在这一时期,环境纠纷中的主要利害关系人仅有受害者和污染者两方,受害者往往通过与污染者私下协商或采取自助行动阻止污染。④ 私下协商因为实力悬殊往往被拒,采取自助行动在"文革"期间则容易受到不

---

① E. F. Dukes, op. cit., p.193.
② 关于这三种权力关系模式的详细介绍,参见 D. Taylor, "Introduction, Advances in Environmental Justice: Research, Theory, and Methodology," *The American Behavioral Scientist*, 2000, 43(4).
③ 参见王灿发:《中国环境纠纷及其处理的初步研究》,载王灿发主编:《环境纠纷处理的理论与实践——环境纠纷处理中日国家研讨会论文集》,中国政法大学出版社 2002 年版,第 3—5 页。
④ "We can conclude, however, that when government institutions do fail to respond to citizen demands, the situation can escalate to the point where citizens take matters into their own hands." 参见 B. van Rooij, op. cit., p.67.

正当追究,例如以"反革命破坏罪"获刑。① 可见,这一阶段受害者和污染者地位相当不平等,污染者与受害者存在强烈的单向权力支配关系,受害者基本上处于"投诉无门"的境地,属于典型的加害者—牺牲者模式(图5-1)。从经济学角度分析,这也是集权制度下利益表达机制的必然安排。②

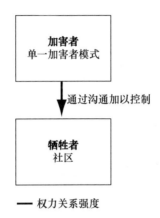

图 5-1　加害者—牺牲者模式(perpetrator-victim model)

(二) 行政解决机制建立:多重加害者—牺牲者模式

环境纠纷行政解决机制的初步建立是在1978年至20世纪90年代中后期,即改革开放的初期和中期。在这一历史时期,政府(政策制定者)开始意识到环境保护的重要性,具体表现有:1979年制定了《环境保护法(试行)》,该法首次正式规定了环境纠纷的行政处理制度;1983年国务院在其召开的第二次全国环境保护会议上将环境保护确立为基本国策;1985年原国家环保总局开始每年发布一次《全国环境统计公报》;等等。尽管当时《环境信访办法》尚未出台,调研中笔者已

---

① 关于相关案例的详细介绍,参见王灿发:《中国环境纠纷及其处理的初步研究》,载王灿发主编:《环境纠纷处理的理论与实践——环境纠纷处理中日国家研讨会论文集》,中国政法大学出版社2002年版,第4页。

② 更多论述,参见王蓉:《中国环境制度的经济学分析》,法律出版社2003年版,第41—66页。

发现 1988 年 S 县环保局接待环境信访的记录。但是,在 GDP 增长为第一要务的宏观政策导向下,各级环保部门尽管在一定程度上起到了监督污染者、解决纠纷的作用,但出于地方经济发展的首要考虑仍然充当了为污染者"保驾护航"的重要角色,解决纠纷的目的在于更好地为经济发展大局服务。故而可以说政府(政策制定者)、各级环保部门(政策执行主管单位)与污染者(开发单位)共同扮演着多重加害者的角色,三者之间的权力关系紧密,共同支配着受害者的需要。政府和环保部门尽管在形式上提供了救济渠道:行政处理和环境信访,受害者仍然处于不利地位,该时期环境纠纷总体数量较少或可说明这一点。① 这一阶段环境纠纷行政解决机制中利害关系人的权力关系状况可归为多重加害者—牺牲者模式(图 5-2)。该种模式增加了政策制定者的角色,当政策制定者决定政策后,必须通过政策执行主管机关执行这一政策,同时发包给开发单位,因此政策制定者、政策执行主管单位与开发单位之间的权力关系较为密切,同时政策制定者以及政策执行主管单位必须利用相关法令等方式加以监管开发单位,并借由沟通、协调以及补偿等方式来消弭牺牲者(社区)的纠纷,各角色之权力关系除政策设计者及其执行单位较弱之外,其余的权力关系强度依旧非常紧密。② 按照王蓉的分析,分权制度下利益呈多元化发展趋势。③ 而当处于这种分权的过渡时期时,地方政府与所辖企业的经济利益具有高度一致性。因为"分灶吃饭"的财政体制改革,使得地方政府自身运转的支出很大程度上依靠其所管辖企业所创造的利润。因此产生了图 5-2 所示的多重加害者行为。④

---

① 参见王灿发:《中国环境纠纷及其处理的初步研究》,载王灿发主编:《环境纠纷处理的理论与实践——环境纠纷处理中日国家研讨会论文集》,中国政法大学出版社 2002 年版,第 5 页。
② 参见苏俞龙:《环境纠纷中不同角色之观点及互动关系探讨——以云林县林内焚化炉纠纷事件为例》,台湾南华大学环境管理所 2004 年硕士论文,第 57 页。
③ 参见王蓉:《中国环境制度的经济学分析》,法律出版社 2003 年版,第 69—70 页。
④ 同上书,第 99—100 页。

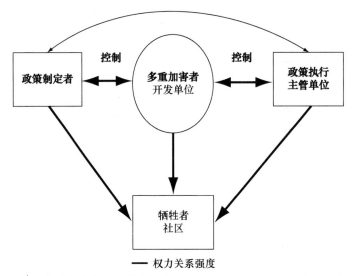

图 5-2 多重加害者—牺牲者模式（Multiple perpetrator-victim model）

（三）行政解决机制完善：多重利害相关者简单模式

环境纠纷行政解决机制的完善阶段是从 20 世纪 90 年代中后期至今。这一时期,鉴于世界环境的普遍急剧恶化趋势,政府加强了环境执法力度,对企业的监控力度更大。同时,公民环境意识的觉醒与提高使他们不仅向污染者积极主张权利,进而对政府和各级环保部门也提出了一定要求。此外,新闻媒体、学者、环保 NGO（如中华环保联合会、中国政法大学污染受害者法律帮助中心等）对环境保护的建言、对环境执法的监督以及对环境纠纷受害者提供的法律帮助均减弱了政府（政策制定者）、环保部门（政策执行者）和污染者（开发单位）之间紧密的权力关系,作为纠纷解决者的环保部门地位愈加中立客观。20 世纪 90 年代中后期至今的环境纠纷行政解决机制非常类似 D. Taylor 建构的多重利害相关者简单模式（图 5-3）。该模式中,除单一的开发单位（污染者）与社区团体（受害者）外,还包括政策制定者、政策执行主管单位和各种利害相关者如地方精英。当地方政府（政策制定者）决定政策后,通过环保部门（政策执行主管机关）具体执行,同时发

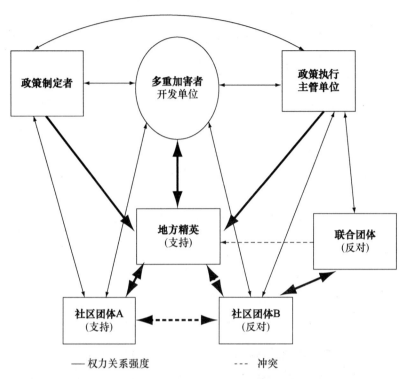

图 5-3　多重利害相关者简单模式
（A sample of a multiple stakeholder model）

包给污染者（开发单位），从这个角度来看，政策制定者、政策执行主管单位与开发单位之间的关系较为密切并共同支配着受害者的需要。但在生态文明被日益重视以及民众环境意识逐步提高的大背景下，受害者联合起来向污染者主张权利，对政府和环保部门提出权利要求，故政策制定者以及政策执行主管单位也会利用法律、法规监管开发单位，并借由沟通、协调以及补偿等方式来消弭受害者（社区）的纠纷。而不同利害关系者又会对政府和环保部门的行为可能表示赞成或者反对，相应的权力关系也随之不同。同时不容忽略的是，由于地方精英分子的监督，地方政府与污染者的权力密切程度有所降低，作为纠纷处理机构的环保部门地位趋于中立客观。污染受害者也因为得到地方精英的支持(包括媒体、学者、环保 NGO 等),其在行政解决机制中的地位明显提高,这很可能是 20 世纪 90 年代中后期至 2013 年环境纠纷数量激增(从 1997 年的约 13 万件增至 2013 年约 126 万件)的重要原因之一。

从经济学角度分析,这种变化也是由利益多元化促成的:现代市场经济体制下利益的多元化进一步明显,带来了权力的社会化,也带来了利益表达机制的多元化。社会主体包括公民、社会团体或非政府组织(地方精英)所拥有的社会资源对社会和国家的支配力逐渐成为一种巨大的社会力量,体现出私人权利对公权力的制约,使得环保部门从单一的权力行使功能,逐步演化为权力行使和利益代表(这里的利益代表更多是指代表环境受害者、公民的利益)的双重功能。①

(四) 小结

根据以上分析,经济因素似乎对环境纠纷行政解决机制的建立和发展影响尤为明显。有意思的是,美国学者一项关于中国农村纠纷解决状况的实证调查结果显示,法律的变动和经济发展关系微弱,而社会和政治关系对民众寻求救济影响较大。② 不论如何,环境行政解决机制以及纠纷利害关系人的权力关系变化受到经济、政治、社会等一系列因素制约,至于这些因素中哪种或哪些因素影响较大,还需要更进一步的定性或定量分析。

需作特别说明的是,笔者尽管采用了三种模式分别阐释三段历史时期环境纠纷利害关系人的权力变化,并非等同于三种模式严格对应特定的历史阶段。换言之,即使在今天,多重加害者—牺牲者模式仍然较为普遍地存在,比如在调研对象 S 县和 H 县,选址问题型纠纷占

---

① 参见王蓉:《中国环境制度的经济学分析》,法律出版社 2003 年版,第 142—147 页。

② "In rural China, however, the explanation for a weak or negative relationship between legal mobilization and economic development centers on popular grievances... Social connections and political connections are both important factors to impact on people's action to seeking redress." 参见 E. Michelson, op. cit., p. 481.

有一定比例、地方政府在处理纳税大户的污染者时暧昧不明的态度等都反映出实践中地方政府、环保部门和污染者一体的多重加害者身份;极端的加害者—牺牲者模式尽管笔者在调研中没有碰到实例,但从不时见诸媒体的报道中也有所耳闻;而多重利害相关者简单模式可能更多地代表了环境纠纷行政解决机制的理想运行状态和努力方向。简言之,当下中国环境纠纷行政解决机制其实是多重利害相关者简单模式、多重加害者—牺牲者模式和加害者—牺牲者模式形态的混合。

三、现行环境纠纷行政解决机制的问题

有学者概括说,在行政权威和行政官员素质均无保证、司法机关和行政机关未形成合理协调时,法院对行政处理缺乏应有的尊重,而行政机关对于司法审查则缺少正确的认识,行政处理结果可能得不到社会的承认,经常被法院推翻,由此导致资源和时间的浪费,必然会极大地削弱行政性 ADR 的作用,也会影响到行政机关处理纠纷的积极性。[①] 笔者的实证调研显示这一论断并未切中肯綮:当前环境纠纷行政解决机制运行的缺陷并非是行政处理与司法处理的衔接,而是在追求效率最大化的同时,对纠纷解决的实体效果即减少或阻止污染有所忽视;更为严重的是,程序理性相当薄弱,以致纠纷的利益冲突本质在很大程度上无法通过程序法制化化解,政府公信力受到污染受害民众的质疑。造成这些缺陷的原因是多样的,既有立法滞后、机构设置不合理等制度性问题;也有行政机关工作人员惯常作风、职责定位等主观因素。而需要反思的主要是以下制度性问题。

[①] 参见吴勇:《试论环境诉讼机制与非诉解决机制的沟通和协调》,载张梓太主编:《环境纠纷处理前沿问题研究——中日韩学者谈》,清华大学出版社 2007 年版,第 287 页。

(一) 立法缺失

到目前为止,我国尚无一部关于环境纠纷解决的专门法律,更别提环境纠纷行政解决制度方面的体系化规定。这与环境保护法律体系"行政规章为主,国家法律为辅"的整体态势是一致的。"行政规章为主,国家法律为辅"是指环境标准、环境监测、管理办法、管理规定、管理条例等行政管理制度占据我国环境保护法制的重要位置,而环境保护法律则处于较次要的位置。① 从更为宏观的国家政策角度,政府及其管理部门,更多考虑的是环境保护的政策管理问题,并没有把环境纠纷的处理列入议事日程。②《环境保护法》《中华人民共和国海洋环境保护法》和《中华人民共和国水污染防治法》等环境法律关于环境纠纷的行政解决制度只有零散、简单且粗糙的规定。以《环境保护法》这部中国的环境保护基本大法为例,1989 年《环境保护法》仅有第 41 条提到了"赔偿责任和赔偿金额的纠纷,可以根据当事人的请求,由环境保护行政主管部门或者其他依照法律规定行使环境监督管理权的部门处理"。2014 年修订的《环境保护法》删去了旧法第 41 条,但并未对环保部门解决纠纷制度作出任何新规定。立法缺失使得由环境监察机构解决环境纠纷带有很大的随意性和不确定性,这对纠纷的成功解决相当不利,因为"一种具有预先规定的、无论正式或非正式的纠纷解决程序的制度,比没有规定纠纷处理制度更有可能产生一种使纠纷易于处理的方式"。③

(二) 纠纷解决机构不独立

纠纷解决由环保部门下属的环境监察机构在负责环境行政执法之外附带承担,这种设置可使机构尽可能精简,提高行政效率。但作

---

① 参见邓一峰:《环境诉讼制度研究》,中国法制出版社 2008 年版,第 48 页。
② 同上书,第 47—48 页。
③ R. J. Lewicki, B. Gray, and M. Elliott, op. cit., p.48.

为纠纷解决机构,其弊端也显而易见:一方面对组织的领导阶层而言,纠纷解决职责可能会成为行政机构的负担,阻碍其他任务的执行并造成下属的不合。故环境监察人员多采用快捷但程序公正性不够的行政执法解决方式。另一方面从当事人的角度来看,冲突由独立的机构解决显得更令人满意,因为独立机构对决定的公正拥有更大的保障。① 环境监察机构解决纠纷易受环保部门、地方政府甚至当地主要领导人个人意志的影响,呈现非独立性和非中立性。以选址问题型环境纠纷为例,这类纠纷的产生根源本就与地方政府的决策有直接关系,如果纠纷解决仍由政府直接主导,不免有"既是参赛者,又是裁判者"之嫌,易使公众质疑纠纷解决的公正性。

(三) 纠纷解决方式单一,程序封闭

方式单一集中体现为环境监察人员一味运用行政命令或处罚而忽视行政调解。虽然行政命令或处罚符合部分受害者的要求,但也在不少情况下违背了当事人意愿。因为受害者和污染者大多属于地理上的相邻关系,在情节轻微的环境纠纷中,受害者一般不希望邻里关系彻底破裂,简单粗暴的行政命令或处罚对维系或恢复双方友好关系有消极影响。这也是为什么在日本的环境纠纷行政处理制度中,调解比斡旋、仲裁和裁决更受民众欢迎。② 而对彼此关系的改善也被认为是环境纠纷非诉讼解决方式的优点之一。③ 此外,现行环境纠纷行政解决过于简化且不公开,受害者没能参加到纠纷解决程序中去。程序的简约虽然是行政解决机制相较诉讼机制的优点所在,但纠纷解决过

---

① 参见〔挪威〕托斯坦·埃克霍夫:《冲突解决中的调解人、法官和行政管理人》,喻中胜、徐均译,载徐昕主编:《纠纷解决与社会和谐》(第1辑),法律出版社2006年版,第293页。

② 参见任勇、〔日〕崛井伸浩:《环境纠纷处理制度对促进环境管理的协同效应——以日本为例》,载王灿发主编:《环境纠纷处理的理论与实践——环境纠纷处理中日国家研讨会论文集》,中国政法大学出版社2002年版,第299页。

③ E. F. Dukes, op. cit., p.197.

程中的程序公正是对当事人接受结果、自觉遵守结果影响最大的要因。① 将当事人相互隔离会使各方当事人误读对方②,违背了程序法治原则。近年来出现的数起有较大社会影响的环境群体性纠纷中,受害者没有畅通的渠道及时获知建设项目的环评内容以及纠纷解决进程的相关信息,是致使受害者认为处理程序存在问题进而导致冲突升级的重要原因。又如前文所述 A 公司污染纠纷中,受害者曾提到县政府拨给 A 公司治理污染的 20 万元去向不明,且认为环保部门只会收费,皆因环境监察人员没有将调查、监测和作出处理决定等情况告知受害者。

(四) 环保部门监测义务不确定

污染监测结果是据以作出环境纠纷处理决定的基本依据。行政解决制度对证据的要求尽管不如诉讼、仲裁等程序严格,但作为分清是非、确定责任的主要依据,监测仍然是行政解决程序中不可或缺的一环。调研发现,纠纷解决中环境监察机构指令其所属监测站对环境纠纷进行监测的数量不多,并且一般不接受受害者单方委托。环境监察人员未经监测作出污染是否存在以及对污染程度的认定是受害者对纠纷解决结果及程序不满的重要诱因。

(五) 纠纷解决结果效力不明确

实践中,通过行政调解达成的解决结果是一个民事协议,经双方签字同意后具有法律约束力。通过行政命令或处罚决定作出的纠纷解决结果效力却含混不清。按照 1992 年全国人大常委会法工委《答复》的观点,环保部门的行政性处理方式不能是行政裁决,当事人不能以环保部门为被告提起行政诉讼。那么,非行政裁决的行政命令或处

---

① 参见〔日〕小岛武司:《诉讼外纠纷解决法》,丁婕译,中国政法大学出版社 2005 年版,第 31 页。
② R. J. Lewicki, B. Gray, and M. Elliott, op. cit., p.51.

罚决定的效力为何？当事人如果对作为纠纷解决结果的行政命令或处罚不服，该如何寻求救济？是否仍然以对方当事人为被告向法院提起民事诉讼？这样的话，环保部门在诉讼中将处于何种地位？这些都是不明确的。纠纷解决结果效力的不明确会影响到实践中当事人再次利用这一纠纷解决机制的信心。

（六）纠纷解决效果的考核指标不合理

如前述，环保部门为环境监察人员解决纠纷效果设置的考核标准极为单一，基本上是以结案率为唯一指标。一味追求高结案率的弊端相当明显：一方面，环境监察人员不关心引发纠纷的污染是否得到解决，只要受害者不再投诉就"完事大吉"，没有充分利用受害者提供的污染线索控制污染，从源头上遏制纠纷；另一方面考虑到目标考核对自身业绩的重大影响，不排除个别人员对结案率动手脚制作虚假统计数据的可能。S县环保局多位环境监察人员均在访谈中提到，要达到上级单位每年下达的环境投诉结案率高达90%以上的目标任务基本不现实，而查阅环保局内部档案文件发现，历年环境投诉结案率均在90%以上，甚至有几年达到惊人的100%，这一问题存在的可能性其实已不言而明。

四、环境纠纷行政解决机制的完善对策

无疑，日本、韩国和我国台湾地区更为成熟的类似制度可为我国大陆环境纠纷行政解决制度的完善提供有益借鉴。但照搬照抄绝非明智之举，法律移植是一个极为复杂的问题，台湾地区的经验已是警醒：日本的《公害纠纷处理法》在被几乎原封不动搬至台湾地区后，该法框架下的调处、裁决程序甚少被使用，与其在日本的广泛运用大相径庭。除此之外，在设计改革措施时也要特别注意制度条件和配套措施的支持。法律面向的改革，往往是改革动力的最终呈现，政府与公民若无相当程度的程序认知，很难做到上述的程序改革。从另一方面

看,即使做到改革措施,整个程序机制的运作,仍需有其他制度条件的配合,才有可能真正发挥应有的作用。这些制度条件至少包括组织条件、咨询公开、法院功能,以及民间团体等方面。①

(一) 填补立法空白

如前述,日本、韩国和我国台湾地区均已形成较为完整的环境纠纷行政解决制度的法律体系。缘此,笔者同意学者们的观点:当务之急是尽快拟定"环境损害赔偿法"和"环境纠纷行政处理办法"。前者是一个全面的、关于环境纠纷处理的实体法和程序法相结合的法律,后者是一个环境行政机关处理环境纠纷的程序性的法规或规章。有了这两个立法,无论是通过行政途径解决环境纠纷还是通过司法途径解决环境纠纷都将有法可依,变得比较容易。② 2004年4月,全国人大环境与资源保护委员会法案室主任孙佑海在参加第二届环境纠纷处理中日国际研讨会后撰文指出,在环境纠纷处理方面,首先要完善关于环境侵权救济的实体法,同时抓紧制定污染纠纷处理程序的法律,以及环境污染纠纷行政裁决的法律或行政法规,强化环保部门在处理污染纠纷中的地位和作用。③ 上述看法在一定程度上反映出政府对环境纠纷立法空白的重视。环境纠纷处理的实体法依据在2014年修订的《环境保护法》中已有安排,第64条明确规定了"因污染环境和破坏生态造成损害的,应当依照《中华人民共和国侵权责任法》的有关规定承担侵权责任"。在新《环境保护法》已正式实施、一系列配套环境法律法规的立法和修法工作正紧锣密鼓筹备的背景下,可以合理期待环境纠纷处理特别是环保部门处理纠纷的程序性规定在不久的将来正式出台。

---

① 参见叶俊荣:《环境行政的正当法律程序》,1997年自版,第188—201页。
② 参见王灿发:《中国环境纠纷及其处理的初步研究》,载王灿发主编:《环境纠纷处理的理论与实践——环境纠纷处理中日国家研讨会论文集》,中国政法大学出版社2002年版,第17—18页。
③ 参见孙佑海:《日本的环境纠纷法律及其对我国的启示》,载张梓太主编:《环境纠纷处理前沿问题研究——中日韩学者谈》,清华大学出版社2007年版,第40—41页。

（二）设置相对独立的纠纷解决机构和人员

环境纠纷行政解决制度较为发达的国家或地区都设置了独立或相对独立于环境保护部门的纠纷解决机构,配备专门人员专职处理环境纠纷,性质相当于实施纠纷管理型 ADR 的行政性委员会。①借鉴其做法在我国各级环保部门之外设置独立的纠纷解决机构是一种理想的选择,但受经费、人员等条件制约短期内不甚现实。况且从环境行政的分工来说,设立独立的纠纷解决机构也未必是一种好的选择。"把每一种功能分派给一个分离的机构去行使是不可能的。这不仅因为政府权力的行使无法明确地分配,而且还因为随着政府体制的发展,政府的这两种主要功能趋向于分化成一些次要和从属的功能。每种次要的功能的习惯是,都是委托给那些在某种程度上独立的和自治的政府机关的。这些机关在政府体制中有各自的名称和职责。"②即便成立了专门的纠纷解决机构,其人员配置和实际成效仍可能存在问题。以我国台湾地区设立公害纠纷调处委员会的经验为例,由于"公害纠纷处理法"是在最后关头以包裹表决方式通过,在法律生效之后,各单位反应不及,无法立即发挥效用。直到该法通过了半年,"中央"与省政府还为各县、市是否成立调处委员会各执一词,僵持不下,同时,各地方政府也以财政困难、人事精简为由,不赞成新设专职处理公害的单位。其次,即使负责的机构成立了,第一线承办人员的态度也会影响到制度运作的成败。一般而言,公务人员总是以"多一事不如少一事"的态度来处理业务,因此,他们希望环境争议的双方能够私下了结,而不是将问题向官方提出来。③

近期具有可操作性的办法是在县级及县级以上环保部门的环

---

① 参见范愉:《纠纷解决的理论与实践》,清华大学出版社 2007 年版,第 266—267 页。
② 〔美〕古德诺:《政治与行政》,王元译,华夏出版社 1987 年版,第 9 页。
③ 参见何明修:《冲突的制度化? 公害纠纷处理法与环境抗争》,载《教育与社会研究》2002 年第 3 期,第 50—51 页。

监察机构中配备专职处理纠纷的环境监察人员。这些环境监察人员只负责接受、处理和回复群众投诉的纠纷,不参加环境监察机构的其他工作如现场监管、征收排污费等。一时之间如果无法增加人员编制、新进专门的纠纷解决人员,也可考虑在环境监察机构中轮流抽调现有工作人员专司纠纷解决。这一做法的目的是保证纠纷解决最起码的专门性和相对独立性。S县环境监察大队工作组组长H在接受访谈时,也提出了类似建议。他建议在环境监察大队中设立专门的群众来信来访处理小组,因为2002年至2007年纠纷解决工作量越来越大,每年有好几百件,环境监察人员的工作相当繁重,很难抽出足够时间和精力用于纠纷解决。据他介绍,河南省郑州市环保局的环境监察大队尝试成立了专门处理来信来访的环境监察小组,实践效果较好。①H县环境监察大队大队长R则认为:"我觉得不应由我们(环境监察机构——笔者注)处理。我们的职责应当是监管企业。另外我们人手不够,能力(此处应指纠纷解决能力——笔者注)有限。"②由此可见,成立专门的纠纷解决机构或至少配备专门的纠纷解决人员同样是纠纷解决者的心声。

关于纠纷解决者,还有两个问题值得关注。一是纠纷解决者的专业性。纠纷解决者的专业性到底是利是弊,尚存在争议。一般的纠纷解决理论认为,纠纷解决者的专业性知识是帮助当事人搜集并审查相关信息的关键因素。③ 但是,在环境纠纷中,不少论述认为其是不利的。④ 二是纠纷解决者解决纠纷的能力。以美国为例,美国环保署(EPA)介入的环境纠纷解决中,在当事人无法负担请外部专业调解人

---

① 资料来源:2007年7月22日对S县环保局环境监察大队工作组组长H的访谈记录。
② 资料来源:2007年6月4日对H县环保局环境监察大队大队长R的访谈记录。
③ 参见 H. W. Abbot, "The Role of Alternative Dispute Resolution in Superfund Enforcement," *Journal of Environmental Law*, 1990, 15(1); D. Louis, "Challenges of Multi-party Environmental Mediation," *Journal of the National Association of Administrative Law Judges*, 1999, 19(1).
④ L. Susskind, G. McMahon, and S. Rolley. op. cit., pp. 127-138.

的费用时,他们就可以选择一个"内部中立"的调解人。这位调解人是环保署的工作人员,受过 ADR 技术的训练,并且与案件没有直接利害关系。① 在对与环保署打过交道的律师的一项调查中,律师们对环保署如何改进 ADR 运用提出了一些建议,其中之一便是在机构内部设置专人负责对环保署工作人员进行协商和调解技巧的训练并提高 ADR 的运用。他们认为这是重要的,且这些技巧在正式调解中也有用。② 其实美国学者对纠纷解决者纠纷解决能力培训重要性的认识,更早可追溯至 1988 年 J. Wondolleck 对美国福斯特服务培训项目(U. S. Forst Service Training Program)成效进行的较为细致的调查分析,她的结论是如果该项目可作为其他类似项目的代表,这种培训将会在为纠纷解决提供更宽广的机会方面非常有用。这些培训中非常重要的一环便是通过参加定期的研讨会学习纠纷评估(Conflict Assessment)、协商(Negotiation)、协助(Facilitation)、调解(Mediation)、纠纷管理计划(Conflict Management Planning)和沟通技巧(Communication Skills)等,在纠纷解决者头脑中形成 ECR 的概念,培养其在日常工作中运用 ECR 的思维意识。③ 另外,当政府及其机构具有更高的制度化能力和管理能力时,他们更倾向于使用替代性纠纷解决方式。④ 这从侧面说明对纠纷解决者纠纷解决能力的训练有助于增加替代性纠纷解决方式(如调解)的运用。

---

① S. Raines and R. O'Leary, "Evaluating the Use of Alternative Dispute Resolution Techniques and Processes in U. S. Environmental Protection Agency Enforcement Cases: Views of Agency Attorneys," *Pace Environmental Law Review*, 2000, 18, p.124.

② 参见 S. Raines and R. O'Leary, op. cit., pp. 132-133; R. O'Leary and S. Raines, "Lessons Learned from Two Decades of Alternative Dispute Resolution Programs and Processes at the U. S. Environmental Protection Agency," *Public Administration Review*, 2001, 61(6).

③ J. Wondolleck, "The Role of Training in Providing Opportunities for Environmental and Natural Resource Dispute Resolution," *Environment Impact Assess Review* 1988, 8.

④ R. O'Leary and T. Yandle, op. cit., p.148.

（三）增强行政调解方式的运用和程序公开化

在纠纷解决方式方面，东亚各国或地区的制度呈现多样性，体现了程序种类完备化原则①：既有当事人达成合意后才能启动的程序，如韩国的前期调解和普通调解；也有依当事人一方意愿即可启动的程序，如日本的裁定、韩国的特别调解；还有充分体现行政机关能动性、可由行政处理机构主动开启的程序，如韩国的仲裁。针对我国环境纠纷行政解决方式的单一化，可考虑在行政执法解决方式的基础上强制性地增加行政调解，即在当事人一方或双方提出要环境监察人员调解纠纷时，环境监察人员必须开展调解，不得推诿。② 行政机关具有运用行政执法权力解决纠纷的倾向性，因此必须限定行政执法解决方式的运用。同时，通过立法明确环保 NGO 在调解中的法律地位，明确环保 NGO 参与调解的纠纷性质与范围等③，强化环保 NGO 介入行政解决机制特别是参加行政调解程序的功能。④ 实践中中华环保联合会环境法

---

① 参见黄锦堂：《台湾地区环境法制研究》，元照出版有限公司 1994 年版，第 304 页。

② 美国学者 N. Sipe 对佛罗里达州环保署的环境纠纷替代性解决方式作了一项评估。他研究了 1988 年至 1990 年间 150 个执法案件中的 21 个调解案件。其研究的主要问题是这些正陷入僵局的执法案件中的调解是否导致了更高的解决率，是否比不存在调解技术的非协助式协商、行政听证或法院审判更好地促进守法。他对这 21 个案件与其余的 125 个案件进行了长达 5 年的跟踪比较。N. Sipe 最后发现，调解案件的解决率确实更高，比非调解案件的解决率要高出 4.6 个百分点。他推测调解可以通过关注当事人在解决问题上的注意力来打破僵局。关于这项研究的更多细节，可参见 N. Sipe, "An Empirical Analysis of Environmental Mediation," *Journal of the American Planning Association*, 1998, 64(3). 该项实证研究的结果可作为有必要在行政执法或行政解决机制中引入调解的有力佐证。

③ 参见朱娟：《环保 NGO 参与环境纠纷协调解决机制的探讨——以 815 户居民与铁鹰钢铁有限公司环境污染纠纷案为例》，载李恒远、常纪文主编：《中国环境法治》（2008 年卷），法律出版社 2009 年版，第 213 页。

④ 法国法亦有类似规定。法国环保团体得以两种方式介入环境纠纷的调解：一是团体本身被指定为适格委员而参与调解；二是依 1976 年 7 月 10 日法律第 40 条或规划法第 L121-8 条之规定，以受允许之团体资格介入调解。参见柯泽东：《环境法论》1993 年自版，第 120—121 页。

律服务中心已有介入环保部门调解的成功案例。① 应对我国环境纠纷行政解决程序的封闭性,改革思路是增加程序公开程度,保证当事人参与程序运作的基本权利。"当事人有效参与看起来是协议达成、协议质量和改进关系的门户因素和关键预测。而有效参与是复杂、动态的,我们的发现指出,合适的当事人,纠纷解决者正确的技巧和实践,相关和高质量的信息帮助确保积极参与的发生以及富有成效。"② 此外,F. Rauschmayer 和 H. Wittmer 在他们的案例研究中同样指出了这一点:一般情况下,混合了参与和多重标准的纠纷解决方法为纠纷协助者寻找支持决定作出过程的方法提供了良好开端。③ 如果受害者主动要求参与纠纷解决程序,环境监察人员不得拒绝;无论当事人是否参加程序,纠纷解决结果都必须及时告知所有利害关系人。

适当增加行政调解在行政解决中的运用是符合现实的:我国的环境监测技术还不够先进,取得的数据不全面、不确切,而且环境污染被破坏的危害后果无法准确计算;加之环境污染和破坏的作用机理复杂,影响因素众多,对环境纠纷不易做硬性处理。因此,采用调解手段,协商解决,使纠纷处理更符合各方的意愿,可以弥补因技术落后而可能导致的公平性欠缺。④ 在很多情况下,环境纠纷面对面的调解比诉讼更可能产生一个使所有利益相关者受益的公平有效的结果。⑤ 而调解在环境群体性纠纷的解决中的作用更为明显:在环境群体性纠纷中,双方人数众多,矛盾尖锐,调解在安抚群体受害者情绪、避免矛盾

---

① 关于该案的详细介绍可参见朱娟:《环保 NGO 参与环境纠纷协调解决机制的探讨——以 815 户居民与铁鹰钢铁有限公司环境污染纠纷案为例》,载李恒远、常纪文主编:《中国环境法治》(2008 年卷),法律出版社 2009 年版,第 210—213 页。

② "Effectively engaging the parties certainly appear to be a gateway factor and a key predictor of agreement reached, their quality, and improved working relationships. Effectively engagement is a complex dynamic, and our findings suggest that having the appropriate participants, the right mediator skills and practices; and relevant, high-quality information helps ensure that active engagement takes place and is productive." 参见 K. Emerson, P. J. Orr, D. L. Keys, and K. M. Mcknight, op. cit., p.58.

③ F. Rauschmayer and H. Wittmer, op. cit., pp.108-122.

④ 参见吕忠梅:《环境法新视野》,中国政法大学出版社 2000 年版,第 295 页。

⑤ L. S. Bacow and M. Wheeler, op. cit., preface, p.8.

激化方面可以比其他方式发挥出更好的作用。以前文所述A公司污染纠纷为例,受害者对环境监察人员召开协调会和陪他们参观A公司新厂修建的做法表示了认可和称赞。这是因为调解中当事人双方可以更充分地参与纠纷解决程序,发表自己的意见和看法,程序的公开性和透明度增加,提高了当事人对纠纷解决过程及结果的满意度。当事人的满足可以独立于解决的内容,至少是部分地依存于导致解决的程序形式或程序过程本身。所以,某种解决过程给予当事者的满足程度及其有效性,是与当事者是否承认这种纠纷解决样式的正当性紧密相关的。① 美国的一项实证调查也显示,无论结果如何,调解对增强参与者的能力以及信任程度以便将来再次走到一起都有好处。②

在调解程序的设置上,以下几个问题值得进一步思考:一是调解的启动。行政命令和处罚因为国家公权力的强制运用,不存在启动问题,即受害者投诉后,环境监察人员可以强制污染者参加纠纷解决。调解则不同,调解的真谛在于双方同意始能开启。如果受害者希望环境监察人员调解,而污染者不到场,调解便无法开展,纠纷也无法解决。如何获得当事人双方的同意是调解得以运用的前提。我国台湾地区公害纠纷调处程序在实践中使用较少的一个重要原因就是受害者不申诉或污染者不来调处,需由公权力机关以公权力及行政上的介入方能处理。③ 二是调解费用。调解因为花费纠纷解决机构更多的时间和精力,是否可收取适当费用?日本公调委收取的调停费用以件算,与投诉人数无关,每件只收取3 800日元左右(1995年)④,是法院

---

① 参见〔日〕棚濑孝雄:《纠纷的解决与审判制度》,王亚新译,中国政法大学出版社2004年版,第11、33、34页。
② K. Emerson, P. J. Orr, D. L. Keys, and K. M. Mcknight, op. cit., p.57.
③ 参见林俊忠:《台湾重大公害纠纷案例处理策略之研究》,台湾中山大学公共事务管理研究所1999年硕士论文,第2—3页。
④ 参见任勇、〔日〕崛井伸浩:《环境纠纷处理制度对促进环境管理的协同效应——以日本为例》,载王灿发主编:《环境纠纷处理的理论与实践——环境纠纷处理中日国家研讨会论文集》,中国政法大学出版社2002年版,第300页。

民事调停费用的1/3。① 民众对这一便宜费用的接受度较高。相反，我国台湾地区的经验显示，申请调处、裁决案件因为要收取相应费用，是民众青睐不花钱的陈情渠道的重要原因。② 故有台湾地区学者认为，根据收费谦抑原则，调处、再调处、裁决费用的收入，极为有限，收费规定并无存在必要。③ 三是纠纷解决时效。行政机关的层级化官僚体制容易引发当事人特别是受害者对纠纷解决时效的不信任，因此最好能对各种行政解决程序的时效作一相对明确的规定。四是调解的执行。仅关注协议达成的纠纷解决者很可能对其他解决后续事项例如协议的执行和监察不够关注。④ 五是行政调解与其他调解形式如民间调解、法院调解的衔接。就民间调解而言，应关注于较小的案件（人数较少、纠纷涉及标的额较小、地区较小），环境纠纷技术鉴定要求较低、基层邻里之间、法律关系明晰的环境纠纷案件；行政性调解应立足于解决环境纠纷技术鉴定要求较高、影响范围较大、法律关系明晰的环境纠纷；而法院调解主要是法律关系比较复杂的案件。在某种意义上，民间调解和行政性调解大多是基于纠纷事实的调解，是事实审；而法院调解大多是基于纠纷法律关系的调解，是法律审。⑤

（四）增强环境监测在行政解决中的运用

不少学者都认为，"法律应当规定环境保护部门所属的环境监测站接受污染当事人的委托进行监测并提供监测报告是其义务，只要当

---

① 参见〔日〕大久保规子：《行政机关环境纠纷处理制度的现状与课题——以公害等调整委员会的活动为中心》，载王灿发主编：《环境纠纷处理的理论与实践——环境纠纷处理中日国家研讨会论文集》，中国政法大学出版社2002年版，第189页。

② 具体收费办法参见台湾地区"公害纠纷处理法"第43条第2项及据此制定的"公害纠纷处理收费办法"的规定。

③ 参见邱聪智：《公害纠纷处理法修正刍议》，载《辅仁法学》（第14期），辅仁大学法律学系及法律学研究所1995年版，第12—13页。

④ A. R. Talbot, *Setting Things: Six Case Studies in Environmental Mediation*. Washington, D. C.: Conservation Foundation, 1983. Adapted from E. F. Dukes, op. cit., p. 202.

⑤ 参见丁俊峰：《论环境纠纷调解机制的构建》，载张梓太主编：《环境纠纷处理前沿问题研究——中日韩学者谈》，清华大学出版社2007年版，第306页。

事人委托，它就必须去监测"。① 对此笔者不完全赞同，调研发现县一级环境监测站有限的监测能力和巨大的工作量之间存在冲突，因此可考虑有条件地限定监测站的监测义务：将提交监测的污染纠纷限制在当事人对环境监察人员凭经验或初步监测作出的认定不服的情形中。换言之，如果当事人对环境监察人员凭经验或初步监测作出的认定提出异议，要求出具正式的监测结果报告，环境监察人员就应当指定监测站进行监测。通过监测结果可直观地判断污染行为是否具有违法性进而是否需要施以行政处罚，间接达到污染监管的效果，使环保部门的环境管理和纠纷解决两项工作较好地结合起来，是创新社会治理理念在环境保护领域的一种具体形式。至于监测费用的收取，可采取环保部门先行支付方式，当确定其中一方当事人应负环境纠纷责任时，再由该当事人负担并负责返还。因为投诉人均为处于弱势地位的受害者，如果规定投诉人先行垫付监测费用，很可能会影响受害者无法得到及时救济。

当然，即便增强了环境监测的运用，受害者及社会大众对监测结果仍可能抱有不信任：环境纠纷处理的制度化意味着依赖专业的科学鉴定，然而科学认知是否有能力充当公正评判的依据，这一点本身还是受到质疑的。原因有两点：一是当代的环境风险很多由于新科技引发，用科学方法来评估其副作用极其困难。因为一旦新科技的实验室不再只是局限于封闭的空间，而扩展至整个社会，那么真正的变相控制与试验设计就成为不可能。因此，认可的科学鉴定与评估都是充满不确定性的，并且受制于政治力的左右。② 二是一旦受污染的一方被要求提出科学的证据，或是进行鉴定，他们总是处于不利的位置，因为

---

① 王灿发：《中国环境纠纷及其处理的初步研究》，载王灿发主编：《环境纠纷处理的理论与实践——环境纠纷处理中日国家研讨会论文集》，中国政法大学出版社2002年版，第19页。

② 参见 B. Ulrich, *Ecological Enlightenment: Essays on the Politics of the Risk Society*, trans. by M. A. Ritter, Atlantic Heights, NJ: Humanities Press, 1995. 转引自何明修：《冲突的制度化？公害纠纷处理法与环境抗争》，载《教育与社会研究》2002年第3期，第49页。

污染者往往握有科学技术的利器。科学常是揭露了生产过程的秘密,而后才发现污染的现象,这种时间上的落差,使得污染者与被污染者之间的不对称关系更加加剧。在这种情况下,一般民众情愿相信自己的直觉与经验,而对科学鉴定抱持不信任的戒心。事实上,对科学鉴定的怀疑不只是来自民众,面对一些违背常识认定的结论,官员也不会完全采信。科学的检验结果很难充当最终裁判的权威。①

(五)区别对待纠纷解决结果的效力

从上述日本、韩国和我国台湾地区的经验来看,在纠纷解决结果的效力方面,对行政机关单方面作出的行政性处理决定,赋予当事人一定期间内再次寻求救济的权利,超过这一期间处理决定具有强制执行力;而通过双方当事人平等合意达致的解决结果,经法院核定后一般可直接作为强制执行的依据。就我国环境监察机构的纠纷解决实践来说,行政命令或处罚决定因为带有极强的单方决定性和强制性,应该赋予不服行政命令或处罚结果的当事人在一定期限内向法院提起民事诉讼的权利,超过这一期限,行政处理结果发生效力。如果案件被法院接受,诉讼应仍在当事人之间进行,作为纠纷解决者的环保部门不应演变为被告。理由之一是,由于当事人不服行政处理结果可以另行起诉,行政机关已无滥用裁判权并强制当事人接受其处理结果的可能,相应的,司法权对行政权的制约即无必要。另一个根本理由是,为保证裁决者自由地裁决,根本的前提条件是裁判者免受追究。②通过行政调解程序达成的是一个能充分体现当事人意思自治的民事协议,其效力可部分比照《中华人民共和国人民调解法》(2011 年 1 月

---

① 参见何明修:《冲突的制度化?公害纠纷处理法与环境抗争》,载《教育与社会研究》2002 年第 3 期,第 49—50 页。
② 参见何兵:《行政解决民事纠纷》,载何兵主编:《和谐社会与纠纷解决机制》,北京大学出版社 2007 年版,第 229 页。

1日起施行)中经人民调解委员会调解达成的调解协议。① 出于保证污染受害者得到及时救济和降低成本的考虑,宜将行政调解协议直接视为效力确定的判决,经当事人申请并经法院形式审查后可以直接作为强制执行的依据。

(六) 调整对环保部门解决纠纷效果的考核标准

作为肩负着纠纷解决职能的政府机构,对其的评价应该是多方面的,基本的标准可能包括:自身技术性价值的定位是否准确,对公众负责的程度,通过解纷提高决策分析的能力,增进市民教育的可能性等。②我国环保部门的目标考核制度可考虑从中借鉴一些合理因素,在对纠纷解决工作的考核甚至整个环境监管工作的考核上有所改变,但首要的应是废除现有以结案率作为环保部门纠纷解决职能履行好坏的唯一考核标准,代之以污染是否解决作为评估环境监察人员解决纠纷效果的主要指标,同时辅以如采用行政调解方式的比例即调解率、按时告知投诉人纠纷解决结果的比例即回复率及当事人对纠纷解决结果和程序的满意度等多个指标,按一定权重对环境监察人员解决纠纷的总体绩效进行综合评估。调整现行环保部门内部的纠纷解决效果考核标准,可以提高纠纷当事人主要是受害者对环保部门解决纠纷的满意度;更为重要的是强化环保部门在控制污染进而预防纠纷扩大化等方面的作用,很好地回应了创新社会治理战略在环境保护领域的要求。

---

① 《中华人民共和国人民调解法》对调解协议效力的规定主要是第32、33条。第32条规定:"经人民调解委员会调解达成调解协议后,当事人之间就调解协议的履行或者调解协议的内容发生争议的,一方当事人可以向人民法院提起诉讼。"第33条规定:"经人民调解委员会调解达成调解协议后,双方当事人认为有必要的,可以自调解协议生效之日起三十日内共同向人民法院申请司法确认,人民法院应当及时对调解协议进行审查,依法确认调解协议的效力。人民法院依法确认调解协议有效,一方当事人拒绝履行或者未全部履行的,对方当事人可以向人民法院申请强制执行。人民法院依法确认调解协议无效的,当事人可以通过人民调解方式变更原调解协议或者达成新的调解协议,也可以向人民法院提起诉讼。"

② M. K. Landy, M. J. Roberts, and S. R. Thomas, *The Environmental Protection Agency: Asking the Wrong Questions from Nixon to Clinton*, Expanded Edition, Oxford: Oxford University Press, 1994, p. 6.

第六章 结语

从最为宏观的层面,纠纷及其解决的状况是评价社会和谐状况的一项重要指标。① 环境纠纷的妥善解决也是改善生态环境进而建设中国特色生态文明制度的题中之意。② 但是只要环保机构和地方政府仍然不负责任,只要法院仍然难以接近或运作效率低下,污染受害者就可能继续选择政治行动而忽略他们要面对的限制。③ 因此,环境纠纷解决制度的改革已是迫在眉睫,前述建言不过"就事论事",在此基础上,我们不禁要追问:尽管环保部门在实践中解决了大量的环境纠纷,但存在并非一定合理,那么行政解决制度是否是解决环境纠纷的理想途径? 行政解决在多元化环境纠纷解决制度体系中应该如何定位?

---

① 参见徐昕:《迈向和谐社会的纠纷解决》,中国检察出版社2008年版,第13页。
② 党的十七大报告提出建设生态文明的要求,党的十七届四中、五中全会对生态文明建设进一步作出战略部署,要求提高生态文明水平。党的十八大则把生态文明建设提高到前所未有的地位,十八大报告指出,建设生态文明是关系人民福祉、关乎民族未来的长远大计。面对资源约束趋紧、环境污染严重、生态系统退化的严峻形势,树立尊重自然、顺应自然、保护自然的生态文明理念,把生态文明建设放在突出地位,融入经济建设、政治建设、文化建设、社会建设各方面和全过程,努力建设美丽中国,实现中华民族永续发展。
③ "As long as environmental authorities and local governments remain unresponsive, and as long as courts remain difficult to access and ineffective, pollution victims are likely to continue to chose political action, regardless of the constraints they face."参见B. van Rooij, op. cit., p.77.

行政解决对污染控制和纠纷预防有何裨助？对于这些问题，学者们有不同看法。

有学者对当前由政府主导的中国环境保护工作提出了强烈质疑。① 他们指出，既往的以单一政府权力为向度的中国环境问题治理机制早已表现出它的乏力与无奈，因此环境纠纷解决机制构建的核心，应在于在既有的以"国家—权力"为主导的自上而下的治理框架中引入自下而上的"市场—权利"和"社会—社会权力"的概念或向度，步向国家与市场、社会相分离但却良好互动的治理结构。这是解决中国环境问题的根本出路。② 简言之，这些学者对环境纠纷的行政解决制度基本上持消极态度。

与此相反，也有学者认为，行政性纠纷解决机制的出现和发展是当代社会需求的产物，反映了行政权的扩大以及行政功能和社会治理方式的转变。随着社会的发展，各种新型的纠纷不断出现，对纠纷解决的专业化和效率的要求越来越高，各国或地区政府体制的行政权扩张不应简单理解为国家管理权的扩张，而更应看到其中反映出的行政权向服务性功能和价值取向的变化。③ 行政权的行使不仅仅是国家自上而下的管理活动，也是一种以服务社会为宗旨的社会治理方式。④ 行政的纠纷解决机制是不可或缺的一个方面，在现代社会，一向被视为"被动"的法院越来越多地承担表现"司法能动主义"的政策形成功能，而一向被视为"主动"的行政机关越来越多地承担表现"行政被动主义"的纠纷解决功能。⑤ 大体上这些学者对环境纠纷行政解决制度的存在和壮大表示支持。

---

① 参见童燕齐：《环境意识与环境保护政策的取向——对中国六大地区政府官员和企业主管的调查》，载杨明主编：《环境问题与环境意识》，华夏出版社2002年版，第74页。
② 参见王蓉：《中国环境制度的经济学分析》，法律出版社2003年版，自序，第1页。
③ 参见范愉：《纠纷解决的理论与实践》，清华大学出版社2007年版，第260页。
④ 同上书，第271页。
⑤ 参见张树义主编：《纠纷的行政裁决机制研究——以行政裁决为中心》，中国政法大学出版社2006年版，第23页。

按照人类学的结构功能主义模型,当事人之间社会关系的性质将影响到纠纷解决方式的选择并最终决定纠纷解决结果。① 就笔者的研究来看,绝大多数环境污染受害者选择了向行政机关——环保部门投诉。这是因为在"国家—社会"二元关系上,我国的"强国家—弱社会"传统尽管在发生改变,但基本格局并未发生根本性转变。这一背景决定了弱势当事人仍会寻求可被视为能与强势当事人所操控的纠纷解决机制相竞争的救济途径,也决定了国家公权力即环保部门介入的必然性。因此,笔者认为,在一段时期内环保部门的行政解决制度仍是解决我国环境纠纷重要的、现实的途径。

至于行政解决制度在多元化环境纠纷解决体系中的定位,主要是要注意和其他环境纠纷解决机制特别是诉讼的衔接。② 关于诉讼和非诉讼纠纷解决机制的衔接,世界各国的制度可以概括为以下几类:选择性程序、法定前执行程序、司法审查程序和独立于司法程序。较为通行的做法是采用司法审查程序。③ 具体到环境纠纷解决领域,可行的做法是在行政解决制度之上引入司法审查:首先,贯彻行政管辖权优先原则,这是因为行政机关的公共职能部门在维护公共利益方面具有专业性、主动性、及时性等特点,公民或公益组织在提起民事诉讼之前,应首先向行政机关的公共职能部门投诉,该部门可根据投诉立即采取措施,采用法律赋予的权力和专业手段,及时制止不法行为,把其对国家和社会造成的损失减少到最低限度。④ 其次,在行政解决无法妥善解决纠纷时,引入诉讼机制包括普通的环境侵权赔偿诉讼和环境公益诉讼,保障污染受害者能够"接近正义"。例如,在四川省雁江区

---

① L. Nader and H. F. Todd, op. cit., pp. 1-40.
② 参见吴勇:《试论环境诉讼机制与非诉解决机制的沟通和协调》,载张梓太主编:《环境纠纷处理前沿问题研究——中日韩学者谈》,清华大学出版社2007年版,第291页。
③ 参见范愉:《纠纷解决的理论与实践》,清华大学出版社2007年版,第262—263页。
④ 参见邓一峰:《环境诉讼制度研究》,中国法制出版社2008年版,第211—212页。

清水河污染案中,尽管当地环保局命令污染企业限期停产整改,企业逾期不改,环保局也无法强制执行;即便报请政府关停或者申请法院执行,效率也相当低下。受害者在证据收集方面的天然劣势使其对胜诉没有信心,加之需垫付诉讼费,导致无人提起损害赔偿诉讼。而这时候就需要环境公益诉讼的介入。①

此外,行政解决制度理应在环境污染的控制和环境纠纷的预防方面有更大作为。这是因为环境纠纷的行政解决机构恰好也是对环境污染的监管主体,因此在行政解决中寻求与行政指导和决策分析等纠纷预防措施的衔接是可能且便于操作的。这方面其他国家或地区的尝试和相关研究不少,如政策性环境纠纷解决中定量分析与纠纷解决的结合。在政策性环境纠纷中,将纠纷解决和定量的决策制定纳入一个系统性框架,可能是一种促成合议达成的有力工具。② 又如纠纷管理,它强调的是问题框架化定位,冲突管理场域具有创造出解决问题环境的潜力。纠纷管理的许多策略都可以吸收人们的认知限制与信息需求,从而人们得以了解有效的问题定位。③ 如何将我国的环境纠纷行政解决制度与污染控制和纠纷预防有机结合起来? 在行政指导方面,为防止环境行政管理上的冲突和摩擦,可从立法上明确规定各个有关行政机关执法的具体范围,防止权力边界模糊带来的行政冲突和消耗。例如,工商管理部门在颁发营业执照、经营许可证过程中需征求环保部门的意见应该成为一项强制性的规定。这是解决因为政府各部门之间缺乏协调和配合而出现的选址问题型环境纠纷的根本

---

① 参见别涛:《中国的环境公益诉讼及其立法设想》,载别涛主编:《环境公益诉讼》,法律出版社2007年版,第7页。

② 这并非本书关注所在,关于如何将政策分析和纠纷解决技术结合起来,可参见 L. A. Maguire 和 L. G. Boiney 以一个真实的政策性环境纠纷为基础作的个案实证研究。参见 L. A. Maguire and L. G. Boiney, "Resolving Environmental Disputes: A Framework Incorporating Decision Analysis and Dispute Resolution Techniques," *Journal of Environmental Management*, 1994, 42.

③ 这方面的研究,可参见 L. V. Bardwell, "Problem-Framing: A Perspective on Environmental Problem-Solving," *Environmental Management*, 15(5).

对策。在决策分析方面①,环保部门在解决具体的环境纠纷过程中,容易洞悉现有法律或法规的不足。因此应该赋予环保部门对现有环境法律、法规的修正提出立法建议的权力,以便及时有效地应对环境问题。②

行文至此,似乎可以稍微展望一下中国环境纠纷行政解决制度的走向。有学者曾在20世纪80年代末对美国替代性环境纠纷解决方式的走向作过判断:替代性的环境纠纷解决应从利己主义(即只满足纠纷当事人的利益需求)转向有利于社区,进而与环境的复杂实质相容。并预言,在之后的15年,替代性纠纷解决将面对最复杂、棘手、全球性环境问题的处理。③ 而中国的环境纠纷行政解决制度何去何从,我们将拭目以待。

---

① L. S. Bacow and M. Wheeler, op. cit., preface, p. 24.
② 美国学者 A. Levinson 也对美国的环境纠纷解决提出了类似的构想,更多讨论可参见 A. Levinson, "Environmental Dispute Resolution and Policy Making," *Policy Studies Journal*, 1988, 16(3).
③ A. Painter, "The Future of Environmental Dispute Resolution," *Natural Resources Journal*, 1988, 28.

参考文献

一、中文著作

1. 李挚萍、陈春生等:《农村环境管制与农民环境权保护》,北京大学出版社2009年版。
2. 徐昕:《迈向和谐社会的纠纷解决》,中国检察出版社2008年版。
3. 赵俊:《环境公共权力论》,法律出版社2009年版。
4. 曾建平:《环境正义——发展中国家环境伦理问题探究》,山东人民出版社2007年版。
5. 王蓉:《中国环境制度的经济学分析》,法律出版社2003年版。
6. 〔日〕加藤一郎、王加福:《民法和环境法的诸问题》,中国人民大学出版社1995年版。
7. 赵旭东:《纠纷与纠纷解决原论——从成因到理念的深度分析》,北京大学出版社2009年版。
8. 范愉:《ADR原理和实务》,厦门大学出版社2002年版。
9. 范愉:《纠纷解决的理论与实践》,清华大学出版社2007年版。
10. 何兵:《和谐社会与纠纷解决机制》,北京大学出版社2007年版。
11. 吴增基:《现代社会调查方法》(第2版),上海人民出版社2003年版。
12. 齐树洁、林建文:《环境纠纷解决机制研究》,厦门大学出版社2005年版。
13. 陈慈阳:《环境法总论》,元照出版有限公司2003年版。

14. 叶俊荣:《环境政策与法律》,中国政法大学出版社 2003 年版。

15. 叶俊荣:《环境理性与制度抉择》,台北三民书局 1997 年版。

16. 张梓太:《环境法律责任研究》,商务印书馆 2004 年版。

17.《环境污染纠纷实用法律手册》,中国法制出版社 2008 年版。

18. 马骧聪:《环境资源法》,北京师范大学出版社 1999 年版。

19. 姜明安:《行政法与行政诉讼法》,北京大学出版社、高等教育出版社 1999 年版。

20. 顾培东:《社会冲突与诉讼机制》(修订版),法律出版社 2004 年版。

21. 左卫民等:《变革时代的纠纷解决——法学与社会学的初步考察》,北京大学出版社 2007 年版。

22. 邓一峰:《环境诉讼制度研究》,中国法制出版社 2008 年版。

23. 马骧聪:《俄罗斯联邦环境保护法和土地法典》,中国法制出版社 2003 年版。

24. 蔡守秋:《欧盟环境政策法律研究》,武汉大学出版社 2002 年版。

25. 黄锦堂:《台湾地区环境法制研究》,元照出版有限公司 1994 年版。

26. 叶俊荣:《环境行政的正当法律程序》,1997 年自版。

27. 张树义:《纠纷的行政裁决机制研究——以行政裁决为中心》,中国政法大学出版社 2006 年版。

28. 柯泽东:《环境法论》,1993 年自版。

29. 吕忠梅:《环境法新视野》,中国政法大学出版社 2000 年版。

30. 杨明:《环境问题与环境意识》,华夏出版社 2002 年版。

31. 别涛:《环境公益诉讼》,法律出版社 2007 年版。

二、译著

1. 〔美〕艾尔·巴比:《社会研究方法》(上),邱泽奇译,华夏出版社 2000 年版。

2. 〔美〕阿尔蒙德:《比较政治学:体系、过程和政策》,曹沛霖等译,上海译文出版社 1987 年版。

3. 〔日〕棚濑孝雄:《纠纷的解决与审判制度》,王亚新译,中国政法大学出版社 2004 年版。

4. 〔日〕黑川哲志：《环境行政的法理与方法》，肖军译，中国法制出版社2008年版。

5. 〔美〕萨利·安格尔·梅丽：《诉讼的话语——生活在美国社会底层人的法律意识》，郭星华等译，北京大学出版社2007年版。

6. 〔美〕A.迈里克·弗里曼：《环境与资源价值评估——理论与方法》，曾贤刚译，中国人民大学出版社2002年版。

7. 〔美〕彼得·温茨：《环境正义论》，朱丹琼、宋玉波译，上海人民出版社2007年版。

8. 〔日〕原田尚彦：《环境法》，于敏译，法律出版社1999年版。

9. 〔日〕小岛武司：《诉讼外纠纷解决法》，丁婕译，中国政法大学出版社2005年版。

10. 〔美〕古德诺：《政治与行政》，王元译，华夏出版社1987年版。

三、论文

1. 洪大用：《西方环境社会学研究》，载《社会学研究》1999年第2期。

2. 张杰：《关于设立环保法庭及建立环境公益诉讼制度的思考》，载李恒远、常纪文主编：《中国环境法治》（2008年卷），法律出版社2009年版。

3. 洪大用：《当代中国社会转型与环境问题：一个初步的分析框架》，载《社会学》2000年第12期。

4. 吕涛：《环境社会学研究综述——对环境社会学学科定位问题的讨论》，载《社会学》2004年第4期。

5. 王灿发：《中国环境纠纷及其处理的初步研究》，载王灿发主编：《环境纠纷处理的理论与实践——环境纠纷处理中日国家研讨会论文集》，中国政法大学出版社2002年版。

6. 丁俊峰：《论环境纠纷调解机制的构建》，载张梓太主编：《环境纠纷处理前沿问题研究——中日韩学者谈》，清华大学出版社2007年版。

7. 陈仁、姜成立：《实行环境仲裁制度加大环境执法力度》，载《中国环境管理》1995年第3期。

8. 李玉芳、高杰：《环境仲裁法庭显身手——江苏省东台市首次环境纠纷仲裁纪实》，载《环境经济》2008年第2期。

9. 孟甜:《环境纠纷解决机制的理论分析与实践检视》,载《法学评论》2015 年第 2 期。

10. 李庆保:《完善我国多元环境纠纷解决机制的思考》,载《河北法学》2010 年第 9 期。

11. 吕忠梅:《环境友好型社会中的环境纠纷解决机制论纲》,载《中国地质大学学报》(社会科学版)2008 年第 3 期。

12. 齐树洁:《我国环境纠纷解决机制之重构》,载何兵主编:《和谐社会与纠纷解决机制》,北京大学出版社 2007 年版。

13. 高冠宇、江国华:《公共性视野下的环境公益诉讼:一个理论框架的建构》,载《中国地质大学学报》(社会科学版)2015 年第 5 期。

14. 蔡守秋:《从环境权到国家环境保护义务和环境公益诉讼》,载《现代法学》2013 年第 6 期。

15. 李传轩:《环境诉讼原告资格的扩展及其合理边界》,载《法学论坛》2010 年第 4 期。

16. 齐树洁、郑贤宇:《环境诉讼的当事人适格问题》,载《南京师大学报》(社会科学版)2009 年第 3 期。

17. 吴勇:《可持续发展与环境诉讼的更新》,载《甘肃政法学院学报》2007 年第 3 期。

18. 叶勇飞:《论环境民事公益诉讼》,载《中国法学》2004 年第 5 期。

19. 田洪鋆:《发达国家环境仲裁制度及对我国的启示》,载《环境保护》2013 年第 1 期。

20. 刘长兴:《论环境仲裁的模式》,载《郑州大学学报》(哲学社会科学版)2009 年第 1 期。

21. 刘斌斌、田维民:《构建我国环境纠纷仲裁制度的现实障碍及其对策》,载《甘肃省经济管理干部学院学报》2007 年第 1 期。

22. 张苏飞、杨为民:《试论建立我国环境纠纷的仲裁机制》,载《武汉科技大学学报》(社会科学版)2005 年第 2 期。

23. 吴卫星:《中国环境纠纷行政处理的立法问题与建议》,载《环境保护》2008 年第 20 期。

24. 贺季敏:《论我国环境纠纷行政处理机构的完善——基于环境纠纷行

政处理性质层面的思考》,载《生产力研究》2013 年第 1 期。

25. 刘铮:《环境纠纷行政处理制度的构建模式及立法建议》,载《重庆社会科学》2008 年第 3 期。

26. 赵保胜:《环境纠纷行政处理的现状与制度设想》,载《学术交流》2007 年第 2 期。

27. 李建勋、颜正魁:《中韩环境纠纷解决机制比较研究》,载《黑龙江省政法管理干部学院学报》2007 年第 3 期。

28. 李铮:《中日公害纠纷的行政处理程序之比较》,载王灿发主编:《环境纠纷处理的理论与实践——环境纠纷处理中日国家研讨会论文集》,中国政法大学出版社 2002 年版。

29. 刘峰:《外国环境纠纷行政处理制度的现状与借鉴》,载《法制与社会》2008 年第 34 期。

30. 陆益龙:《环境纠纷、解决机制及居民行动策略的法社会学分析》,载《学海》2013 年第 5 期。

31. 王芳:《环境纠纷与冲突中的居民行动及其策略——以上海 A 城区为例》,载《华东理工大学学报》(社会科学版)2005 年第 3 期。

32. 马璟:《关于农村畜禽养殖污染现状的调查与思考》,载《环境研究与监测》2012 年第 1 期。

33. 陈长等:《环境监测数据的证据效力问题初探——湛江环境污染纠纷案件处理启示录》,载王灿发主编:《环境纠纷处理的理论与实践——环境纠纷处理中日国家研讨会论文集》,中国政法大学出版社 2002 年版。

34. 张梓太:《环境民事纠纷处理制度障碍分析》,载张梓太主编:《环境纠纷处理前沿问题研究——中日韩学者谈》,清华大学出版社 2007 年版。

35. 朱娟:《环保 NGO 参与环境纠纷协调解决机制的探讨——以 815 户居民与铁鹰钢铁有限公司环境污染纠纷案为例》,载李恒远、常纪文主编:《中国环境法治》(2008 年卷),法律出版社 2009 年版。

36. 〔挪威〕托斯坦·埃克霍夫:《冲突解决中的调解人、法官和行政管理人》,喻中胜、徐均译,载徐昕主编:《纠纷解决与社会和谐》(第 1 辑),法律出版社 2006 年版。

37. 〔日〕大久保规子:《行政机关环境纠纷处理制度的现状与课题——

以公害等调整委员会的活动为中心》,载王灿发主编:《环境纠纷处理的理论与实践——环境纠纷处理中日国家研讨会论文集》,中国政法大学出版社2002年版。

38. 〔日〕奥田进一:《公害等调整委员会处理纠纷的现状与课题》,裘索译,载张梓太主编:《环境纠纷处理前沿问题研究——中日韩学者谈》,清华大学出版社2007年版。

39. 任勇、〔日〕崛井伸浩:《环境纠纷处理制度对促进环境管理的协同效应——以日本为例》,载王灿发主编:《环境纠纷处理的理论与实践——环境纠纷处理中日国家研讨会论文集》,中国政法大学出版社2002年版。

40. 何明修:《冲突的制度化? 公害纠纷处理法与环境抗争》,载《教育与社会研究》2002年第3期。

41. 林宗浩:《韩国的环境纠纷调停制度》,载《政法论丛》2009年第5期。

42. 苏俞龙:《环境纠纷中不同角色之观点及互动关系探讨——以云林县林内焚化炉纠纷事件为例》,南华大学2004年硕士学位论文。

43. 吴勇:《试论环境诉讼机制与非诉解决机制的沟通和协调》,载张梓太主编:《环境纠纷处理前沿问题研究——中日韩学者谈》,清华大学出版社2007年版。

44. 孙佑海:《日本的环境纠纷法律及其对我国的启示》,载张梓太主编:《环境纠纷处理前沿问题研究——中日韩学者谈》,清华大学出版社2007年版。

45. 邱聪智:《公害纠纷处理法修正刍议》,载《辅仁法学》1995年第14期。

46. 林俊忠:《台湾重大公害纠纷案例处理策略之研究》,中山大学1999硕士学位论文。

四、外文资料

1. J. E. Crowfoot and J. M. Wondolleck, Environmental Disputes: Community Involvement in Conflict Resolution, Washington: Island Press, 1990.

2. S. Harashina, Environmental Dispute Resolution Process and Information Exchange, Environmental Impact Assessment Review, 1995, 15.

3. G. Bingham, Resolving Environmental Disputes: A Decade of Experience, Washington D. C. : The Conservation Foundation. 1986.

4. M. W. Morris and S. K. Su, Social Psychological Obstacles in Environmental Conflict Resolution, American Behavioral Scientist, 1999, 42.

5. B. van Rooij, The People vs. Pollution: Understanding Citizen Action against Pollution in China, Journal of Contemporary China, 2010, 19(63).

6. E. F. Dukes, What We Know about Environmental Conflict Resolution: An Analysis Based on Research, Confliction Resolution Quarterly, 2004, 22(1-2).

7. W. Felstiner, The Emergence and Transformation of Disputes: Naming, Blaming, Claiming, Law & Society Review, 1980-1981, 16.

8. R. E. Miller and A. Sarat, Grievances, Claims, and Disputes: Assessing the Adversary Culture, Law & Society Review, 1980-1981, 15.

9. E. Michelson, Climbing the Dispute Pagoda: Grievances and Appeals to the Official Justice System in Rural China, American Sociological Review, 2006, 72.

10. J-H. Lee, Negotiating Values and Law: Environmental Dispute Resolution in Korea, in T. Ginsburg, Legal Reform in Korea, London: Routledge Curzon, 2004.

11. L. Nader and H. F. Todd, The Disputing Process: Law in Ten Societies, New York: Columbia University Press, 1978.

12. K. Fürst, Access to Justice in Environmental Disputes: Opportunities and Obstacles for Chinese Pollution Victims, M. A. thesis, Oslo: University of Oslo, 2008.

13. A. M. Brettell, The Politics of Public Participation and Emergence of Pro-environment Movements in China, Ph. D. thesis, Maryland: University of Maryland, 2003.

14. S. Dasgupta and D. Wheeler, Citizen Complaints as Environmental Indicators: Evidence from China, Washington, D. C. : The World Bank, 1997.

15. Mara Warwick and Leonardo Ortolano, Benefits and Costs of Shanghai's Environmental Citizen Complaints System, China Information, 2007, XXI.

16. J. Zhang, Scientific Establishment of Governmental Responsibility in Environmental Legislation, China Population, Resources and Environment, 2008, 18.

17. L. S. Bacow and M. Wheeler, Environmental Dispute Resolution, New York: Plenum Press, 1984.

18. R. J. Lewicki, B. Gray, and M. Elliott, Making Sense of Intractable Environmental Conflicts: Frames and Cases, Washington: Island Press, 2003.

19. D. G. Pruitt and P. V. Olczak, Beyond Hope: Approaches to Resolving Seemingly Intractable Conflict, in B. Benedict and J. Z. Rubin. Conflict, Cooperation and Justice: Essays Inspired by the Work of Morton Deutsch, San Francisco: Jossey-Bass Publishers, 1995.

20. E. E. Schattsscheider, The Semi-Sovereign People: A Realist View of Democracy in America, Hinsdale IL: Dryden, 1960.

21. S. R. Arnstein, A Ladder of Citizen Participation, Journal of the American Institute of Planners, 1969, 35(4).

22. L. A. Bojorquez-Tapia, E. Ongay-Delhumeau, and E. Ezcurra, Multivariate Approach for Suitability Assessment and Environmental Conflict Resolution, Journal of Environmental Management, 1994, 41.

23. W. Ury, Getting Disputes Resolved: Designing Systems to Cut the Cost of Conflicts, San Francisco: Jossey-Bass, 1986.

24. R. Fisher and W. Ury, Getting to Yes: Negotiating Agreement without Giving in, New York: Penguin Books, 1991.

25. L. Boulle, Mediation: Principles, Process, Practice, London: Butterworths, 1996.

26. D. Black, The Behavior of Law, New York: Academic Press, 1976.

27. T. Foley, Environmental Conflict Resolution: Relational and Environmental Attentiveness as Measures of Success, Conflict Resolution Quarterly, 2007, 24(4).

28. E. Smith, Danger-Inequality of Resources Present: Can Environmental Mediation Process Provide an Effective Answer?, Journal of Dispute Resolution, 1996, 2.

29. C. Albin, The Role of Fairness in Negotiation, Negotiation Journal, 1993, 9(3).

30. E. A. Lind and T. R. Tyler, The Social Psychology of Procedural Justice, New York: Plenum Press, 1988.

31. E. Barrett-Howard and T. Tyler, Procedural Justice as a Criterion in Allocation Decisions, Journal of Personality and Social Psychology, 1986, 50(2).

32. H. Wittmer, F. Rauschmayer, and B. Klauer, How to Select Instruments for the Resolution of Environmental Conflicts?, Land Use Policy, 2006, 23.

33. G. Bingham, J. F. Birkhoff, J. and Stone, Building Bridges Between Research and Practice: Learning Together to Improve the Resolution of Public Policy Disputes, Washington D. C.: Resolve Inc., 1997.

34. K. Emerson, P. J. Orr, D. L. Keys, and K. M. Mcknight, Environmental Conflict Resolution: Evaluating Performance Outcomes and Contributing Factors, Conflict Resolution Quarterly, 2009, 127(1).

35. J. McKillop, R. Neumann, N. Sipe, and J. Giddings, Evaluating Environmental Dispute Resolution, Australasian Dispute Resolution Journal, 2003, 14(2).

36. M. A. Eisenberg, Private Ordering Through Negotiation: Dispute-Settlement and Rulemaking, Harvard Law Review, 1976, 89.

37. S. A. Moore, Defining "Successful" Environmental Dispute Resolution: Case Studies from Public Planning in the United States and Australia, Environmental Impact Assessment Review, 1996.

38. C. Bourdeaux, R. O'Leary, and R. Thornburgh, Control, Communication and Power: A study of the Use of Alternative Dispute Resolution of Enforcement Actions at the U. S Environmental Protection Agency, Negotiation Journal, 2001, 4.

39. A. R. Talbot, Setting Things: Six Case Studies in Environmental Mediation, Washington D. C.: Conservation Foundation, 1983.

40. T. C. Beirle and J. Cayford, Dispute Resolution as a Method of Public Participation, in R. O'Leary and L. B. Bingham, The Promise and Performance of

Environmental Conflict Resolution, Washington D. C. : Resources for the Future, 2003.

41. J. S. Andrew, Examining the Claims of Environmental ADR: Evidence from Waste Management Conflicts in Ontario and Massachusetts, Journal of Planning Education and Research, 2001, 21(2).

42. L. G. Buckle and S. R. Thomas-Buckle, Placing Environmental Mediation in Context: Lessons from "failed" Mediations, Environmental Impact Assessment Review, 1986, 6.

43. S. Carpenter and W. J. D. Kennedy, Managing Environmental Conflict by Applying Common Senses, Negotiation Journal, 1985, 1(2).

44. L. Susskind, G. McMahon, and S. Rolley, Mediating Development Disputes, Environmental Impact Assessment Review, 1987, 7.

45. K. Emerson, P. J. Orr, D. L. Keys, and K. M. Mcknight. Environmental Conflict Resolution: Evaluating Performance Outcomes and Contributing Factors, Confliction Resolution Quarterly, 2009, 127(1).

46. N. David, Environmental Dispute Resolution in Indonesia, Ph. D. thesis, Leiden: Leiden University, 2006.

47. P. J. Orr, K. Emerson, and D. L. Keyes, Environmental Conflict Resolution Practice and Performance: An Evaluation Framework, Conflict Resolution Quarterly, 2008, 25(3).

48. U. S. Office of Management and Budget and U. S. Council on Environmental Quality 2005, available at http://www. ecr. gov/ecrpolicy, 2010-11-04.

49. Organizations for Environmental Dispute Resolution, Environmental Impact Assessment Review, 1985, 5(1).

50. M. Bean, L. Fisher, and M. Eng, Assessment in Environmental and Public Policy Conflict Resolution: Emerging Theory, Patterns of Practice, and a Conceptual Framework, Conflict Resolution Quarterly, 2007, 24, (4).

51. L. Susskind, and J. Thomas-Larmer, Conducting a Conflict Assessment, in L. Susskind, S. McKearnan, and J. Thomas-Larmer, The Consensus Building Handbook: A Comprehensive Guide to Reaching Agreement, Thousand Oaks, CA:

Sage, 1999.

52. K. Hanf and I. Koppen, Alternative Decision-Making Techniques for Conflict Resolution: Environmental Mediation in the Netherlands, Rotterdam: Research Programme: Policy and Governance in Complex Networks, Working Paper No. 8, 1993.

53. A. Hickling and B. Breure, Dutch Environmental Ministry Adopts IBIS Method for Dispute Resolution, Environmental Impact Assessment Review, 1987, 7.

54. P. M. Smith, Application of Critical Discourse Analysis in Environmental Dispute Resolution, Ethics, Place and Environment, 2006, 9(1).

55. Sachihiko Harashina, Environmental Dispute Resolution in Road Construction Projects in Japan, Environmental Impact Assessment Review, 1995, 15.

56. F. Upham, Law and Social Change in Postwar Japan, Boston, MA: Harvard University Press, 1989.

57. H-C. Lee, An Introduction to the System of Environmental Dispute Resolution in Korea, Asia Pacific Journal of Environmental Law, 2002, 7(1).

58. J-T. Ryu, Problems with the Environmental Dispute Settlement System, Human Rights and Justice, 1994, 42, in H-C. Lee, An Introduction to the System of Environmental Dispute Resolution in Korea, Asia Pacific Journal of Environmental Law, 2002, 7(1).

59. Y-K. Jeon, Central Environmental Dispute Settlement Committee Annual Report, 1998, 15, in H-C. Lee, An Introduction to the System of Environmental Dispute Resolution in Korea, Asia Pacific Journal of Environmental Law, 2002, 7(1).

60. Y-K. Jeon, The Central Issues in Environmental Dispute Settlement, Journal Human Rights and Justice, 1994, 53, in H-C. Lee, An Introduction to the System of Environmental Dispute Resolution in Korea, Asia Pacific Journal of Environmental Law, 2002, 7(1).

61. B. G. Rabe, The Politics of Environmental Dispute Resolution, Policy Studies Journal, 1988, 16(3).

62. R. O'Leary and T. Yandle, Environmental Management at the Millennium: The Use of Environmental Dispute Resolution by State Governments, Journal of Public Administration Research and Theory, 2000, 1.

63. D. Taylor, Introduction, Advances in Environmental Justice: Research, Theory, and Methodology, The American Behavioral Scientist, 2000, 43(4).

64. M. K. Landy, M. J. Roberts, and S. R. Thomas, The Environmental Protection Agency: Asking the Wrong Questions from Nixon to Clinton, Oxford: Oxford University Press, 1994.

65. H. W. Abbot, The Role of Alternative Dispute Resolution in Superfund Enforcement, Journal of Environmental Law, 1990, 15(1).

66. D. Louis, Challenges of Multiparty Environmental Mediation, Journal of the National Association of Administrative Law Judges, 1999, 19(1).

67. S. Raines and R. O'Leary, Evaluating the Use of Alternative Dispute Resolution Techniques and Processes in U. S. Environmental Protection Agency Enforcement Cases: Views of Agency Attorneys, Pace Environmental Law Review, 2000, 18.

68. R. O'Leary, S. Raines, Lessons Learned from Two Decades of Alternative Dispute Resolution Programs and Processes at the U. S. Environmental Protection Agency, Public Administration Review, 2001, 61(6).

69. J. Wondolleck, The Role of Training in Providing Opportunities for Environmental and Natural Resource Dispute Resolution, Environment Impact Assess Review, 1988, 8.

70. N. Sipe, An Empirical Analysis of Environmental Mediation, Journal of the American Planning Association, 1998, 64(3).

71. F. Rauschmayer and H. Wittmer, Evaluating Deliberative and Analytical Methods for the Resolution of Environmental Conflicts, Land Use Policy, 2006, 23.

72. Beck Ulrich, Ecological Enlightenment: Essays on the Politics of the Risk Society, trans. by Mark A. Ritter, Atlantic Heights, NJ: Humanities Press, 1995.

73. L. A. Maguire and L. G. Boiney, Resolving Environmental Disputes: A Framework Incorporating Decision Analysis and Dispute Resolution Techniques,

Journal of Environmental Management, 1994, 42.

74. L. V. Bardwell, Problem-Framing: A Perspective on Environmental Problem-Solving, Environmental Management, 15(5).

75. A. Levinson, Environmental Dispute Resolution and Policy Making, Policy Studies Journal, 1988, 16(3).

76. A. Painter, The Future of Environmental Dispute Resolution, Natural Resources Journal, 1988, 28.

五、报刊

1. 《环境维权案诉讼难 我国将组建首家环境公益律所》，载《法制日报》2008年1月16日。

2. 叶文建：《厦门将引入仲裁机制解决环保纠纷》，载《中国环境报》2004年4月7日。

六、网络资料

1. 吕忠梅：《建议设立环境审判庭》，载http://news.xinhuanet.com/misc/2008-03/08/content_7746377.htm，访问日期：2010年11月1日。

2. 鲍小东、李雅娟、杨国要：《环境公益诉讼，改革关键在哪？对话最高法环境资源审判庭庭长郑学林》，载南方周末（http://www.infzm.com/content/104395），访问日期：2014年10月14日。

3. 林俊录：《"公害纠纷处理法"现况与趋势》（2003），载http://ebooks.lib.ntu.edu.tw/1_file/moeaidb/012933/H20820-08.pdf，访问日期：2011年1月12日。

4. 冯洁、汪韬：《"开窗"求解环境群体性事件》，载南方周末（http://www.infzm.com/content/83316），访问日期：2014年11月14日。

5. 《各都道府県の公害紛争事例》，载http://www.soumu.go.jp/kouchoi/pollutionsystem/main7pollution.html，访问日期：2015年10月1日。

图书在版编目(CIP)数据

环境纠纷行政解决机制实证研究/冯露著. —北京：北京大学出版社，2016.1

（中国司法改革实证研究丛书）

ISBN 978-7-301-26560-4

Ⅰ.①环… Ⅱ.①冯… Ⅲ.①环境保护法—司法制度—体制改革—研究—中国 Ⅳ.①D922.684

中国版本图书馆 CIP 数据核字（2015）第 280756 号

书　　　名	环境纠纷行政解决机制实证研究 Huanjing Jiufen Xingzheng Jiejue Jizhi Shizheng Yanjiu
著作责任者	冯　露　著
责 任 编 辑	王建君
标 准 书 号	ISBN 978-7-301-26560-4
出 版 发 行	北京大学出版社
地　　　址	北京市海淀区成府路 205 号　100871
网　　　址	http://www.pup.cn　http://www.yandayuanzhao.com
电 子 信 箱	yandayuanzhao@163.com
新 浪 微 博	@北京大学出版社　@北大出版社燕大元照法律图书
电　　　话	邮购部 62752015　发行部 62750672　编辑部 62117788
印 刷 者	北京大学印刷厂
经 销 者	新华书店
	965mm×1300mm　16 开本　11.5 印张　155 千字 2016 年 1 月第 1 版　2016 年 1 月第 1 次印刷
定　　　价	30.00 元

未经许可，不得以任何方式复制或抄袭本书之部分或全部内容。
版权所有，侵权必究
举报电话：010-62752024　电子信箱：fd@pup.pku.edu.cn
图书如有印装质量问题，请与出版部联系，电话：010-62756370